SECRET PLACES ÖSTERREICH

58 besondere Ziele abseits des Trubels

Lisa Bahnmüller • Oliver Bolch • Hanne Egghardt
Sabine Ertl • Franz Gerdl

BRUCKMANN

INHALT

DER WESTEN 138

↑ Das Nachbarland steckt voller Überraschungen (von links nach rechts): Im Wiener Bezirk Simmering wachsen Feigen (Kapitel 5), während in Graz (Kapitel 32) eine kriegerische Türkenfigur den Palast Saurau bewacht. Sie erinnert an eine Belagerung im Jahr 1532, die vermutlich nie stattgefunden hat. Am Neusiedler See (Kapitel 13) blühen die Schwertlilien. Am Themenweg Lebensader Taugl (Kapitel 21) verblüfft das riesige Gelege des Flussregenpfeifers. Nur die Kärntner Dampfnudeln sind – erwartungsgemäß – köstlich.

KLEIN, ABER BESONDERS!

Die Alpenrepublik mit neun Millionen Einwohnern hat viel zu bieten! Selbst Österreichkenner werden erstaunt sein, welche Überraschungen der scheinbar so gut bekannte Nachbar bereithält.

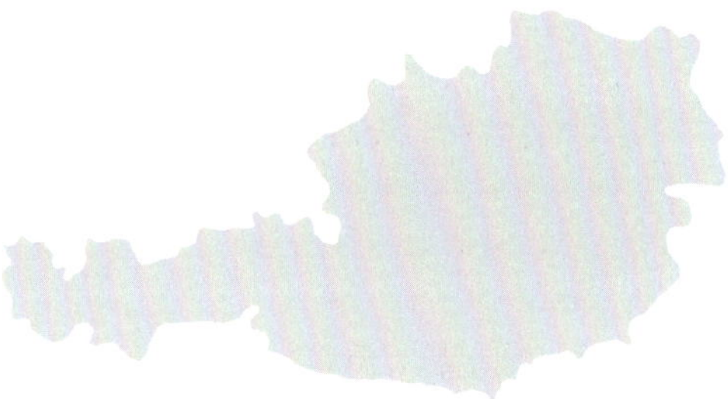

ÖSTERREICH – LAND DER BERGE, LAND AM STROME

So beginnt die Nationalhymne. Und das trifft zu, denn **zwei Drittel des Landes** sind gebirgig, der Rest verteilt sich auf sanftes Hügelland und die Ebenen rund um Wien und im Burgenland. So wechseln sich Seen und wilde Gipfel, friedvolle Almen und liebliche Dörfer, karge Felsen und hügelige Weinberge, tosende Wasserfälle und die weite Pannonische Tiefebene ab. Österreich erweist sich als außerordentlich facettenreich. Politisch aufgeteilt auf **neun Bundesländer**, sind die historisch gewachsenen Grenzen, vor allem durch geografische Zugehörigkeiten, immer noch allgegenwärtig. Das beste Beispiel ist das Salzkammergut, das sich Oberösterreich, das Land Salzburg und die Steiermark teilen.

MARILLE UND ZIRBE

An Genuss-Souvenirs und regionalen Spezialitäten herrscht in Österreich kein Mangel. Aber Marille und Zirbe haben sich zu wahren Exportschlagern entwickelt. Sie gibt es, höchst unterschiedlich verarbeitet und verwendbar, überall im Land zu kaufen.

116 KLÖSTER

gibt es in Österreich. Das Land besitzt damit eine enorme Dichte an sakralen Sehenswürdigkeiten. Das älteste findet man in der Stadt Salzburg: Sankt Peter wurde bereits um 696 durch den Hl. Rupert gegründet. Stift Admont hingegen beherbergt die größte Klosterbibliothek weltweit. Salzburg ist die Stadt mit den meisten Kirchen: Auf seine 150 000 Einwohner kommen 50 Kirchen – das entspricht der Kirchendichte Roms. Dabei sind die Hauskapellen gar nicht mitgezählt.

EDLE TROPFEN

Wien ist die einzige Hauptstadt weltweit, in der Weinanbau betrieben wird, und das nachweislich schon seit 750 v. Chr. Auf 700 Hektar reifen vor allem Reben für Weißweine heran, die man in diversen Lokalen in der Stadt oder beim Heurigen ausschenkt. Allein in Wien gibt es mehr als 100 Heurige.

VON UND ZU

So viel Leidenschaft für die Habsburger Monarchie – dennoch hat Österreich mit dem Adelsaufhebungsgesetz von 1919 alle Adelstitel abgeschafft. Aber ganz ohne wäre es ja zu langweilig, und so gibt es in Österreich erstaunlich viele Berufe, bei denen man einen Titel mitführen darf: »Herr Magister, Frau Hofrat, Herr Kommerzialrat ...«.

LEGENDÄR

1190 zog Herzog Leopold V. als Kreuzfahrer ins Heilige Land. Im Kampf um Akkon färbte sich sein weißer Mantel blutrot. Nur unter seinem breiten Gürtel blieb ein weißer Streifen übrig. Kaiser Heinrich VI. gewährte ihm, die Farben rot-weiß-rot im Banner zu tragen. Daraus entstand – zumindest der Legende nach – Österreichs Flagge.

3797 METER

Der Großglockner ist der höchste Gipfel in der Republik, der tiefste Punkt liegt im burgenländischen Seewinkel – mit gerade einmal 114 Metern ist er deutlich einfacher zu erreichen. Wer sich in Österreich hauptsächlich Berge vorstellt, wird dort, östlich des Neusiedler Sees, von der schier endlosen Weite der Schilflandschaft überrascht.

DAS BRAUCHTUM

Traditionen haben sich in allen Regionen Österreichs in einer unglaublichen Vielzahl an vorwiegend religiös motivierten Festen erhalten. Etliche gehen auf vorchristliche Rituale zurück, was ihnen einen ganz eigenen Reiz verleiht. Dazu wird überall meist Tracht getragen, und das mit einer Selbstverständlichkeit, die weit weg von historischem Kostümspiel ist.

ÖSTERREICHS KÜCHE

Die Rezeptbücher der Alpenrepublik lesen sich wie ein Streifzug durch die europäische Kulturgeschichte. Viele Rezepte stammen aus der K.u.K.-Monarchie mit Einflüssen aus Bayern, Frankreich, Ungarn, Slowenien, Kroatien und Italien. Einige großartige Nationalgerichte wie Gulasch, Wiener Schnitzel oder Tafelspitz sind weit über die Grenzen Österreichs hinaus beliebt. Nicht zu vergessen die typischen Mehlspeisen, die ohne Weiteres eine ganze Hauptmahlzeit ersetzen: von Strudeln, Stollen über Laiberl, Fleckerl, Buchteln, Povesen und Nußn' zu Kipferln, Knödln und Krapfen – ein Paradies für Schleckermäuler und ambitionierte Zuckerbäcker.

Ansbach
Regensburg
Deggendorf
Aalen
Ingolstadt
DEUTSCHLAND
Heidenheim a. d. Brenz
Landshut
Ulm
Neu-Ulm
Augsburg
Braunau a. Inn
MÜNCHEN
Salzach
Gundertshau
Straßwal
Ammersee
Mattsee
Seekirchen
18
Rosenheim
Chiemsee
Starnberger See
Salzburg
19
20
Hallein
21
Kempten (Allgäu)
Kössen
Unken
Forggensee
Walchensee
Achenpass 941
Achenwald
Kaiserklamm
53
Mariastein
54
Kufstein
Kaisergebirge
Lofer
St. Martin b. Lofer
Königssee
St. Johann i. Tirol
Saalfelden a. Steinernen Meer
Bodensee
Bregenz
Festung Ehrenberg
49
Unterpinswang
Reutte
Westl. Karwendelspitze 2385
Östl. Karwendelspitze 2538
Achensee
Achensee
Wörgl
Kitzbüheler Horn 1996
Grießenpass 963
Leogang
Bischofsho
Lustenau
Hittisau
57
Tannheim
Plansee
Zugspitze 2962
51
52
Rattenberg
Kitzbühel
Dornbirn
Heiterwang
Ehrwald
Scharnitz
Großer Ahornboden
Jenbach
Schwarzenau
Jochberg
Dienten a. Hochkönig
St. Johann i. Pon
Hohenems
Au
Riezlern
58
Lechtal
48
Lermoos
Fernpass 1216
Seefeld i. Tirol
Strass
Schwaz
Pass Thurn 1274
Zell a. See
Baad
Kl. Walsertal
Elmen
Nassereith
Telfs
Inn
Wattens
Stumm
Zillertal
Gerlospass 1507
Wald i. Pinzgau
Mittersill
Fusch a. d. Großglocknerstraße
Großarl
Mädelegabel 2645
Innsbruck
Hall i. Tirol
56
Feldkirch
Faschinajoch 1486
Lech a. Arlberg
Warth
Imst
50
Stams
Stift Stams
Völs
Zell a. Ziller
Gerlos
Krimml
Enzingerboden
Ferleiten
Bludenz
Stuben
Flexenpass 1773
Flirsch
Oetz
Jerzens
Telfes
Matrei am Brenner
Mayrhofen
Hohe Tauern
Nationalpark
Großglockner 3797
24
Bürserberg
St. Anton am Arlberg
Arlberg 1793
Umhausen
Neustift im Stubaital
Stubaital
Steinach am Brenner
Ginzling
Großvenediger 3657
Heiligenblut
Brand
Montafon
Maderer-spitze 2769
Prutz
Pitztal
Ötztal
Schrankogel 3497
Obernberger Tal
55
Gries am Brenner
47
Umbaltal
Hinterbichl
Lasörling 3098
Matrei in Osttirol
Putschall
Serfaus
Ischgl
Am See
Obernberg a. Brenner
1374
Brennerpass
Hochfeiler 3509
Erlsbach
Huben
Mörtschach
Gargellen
Bielerhöhe 2063
Pfunds
Sölden
Mittelberg
Wildspitze 3768
Unterleibnig
Silvretta-Stausee
Nauders
Reschenpass
1507
Timmelsjoch 2474
Untergurgl
Staller Sattel 2052
Lienz
Stall
Chur
Piz Buin 3312
Reschensee
Burg Heinfels
Heinfels
46
Assling
45
Oberdrauburg
Obertilliach
Pfannspitze 2678
Karnische
SCHWEIZ
Merano/Meran
ITALIEN
Bolzano/Bozen
N
0
15 km

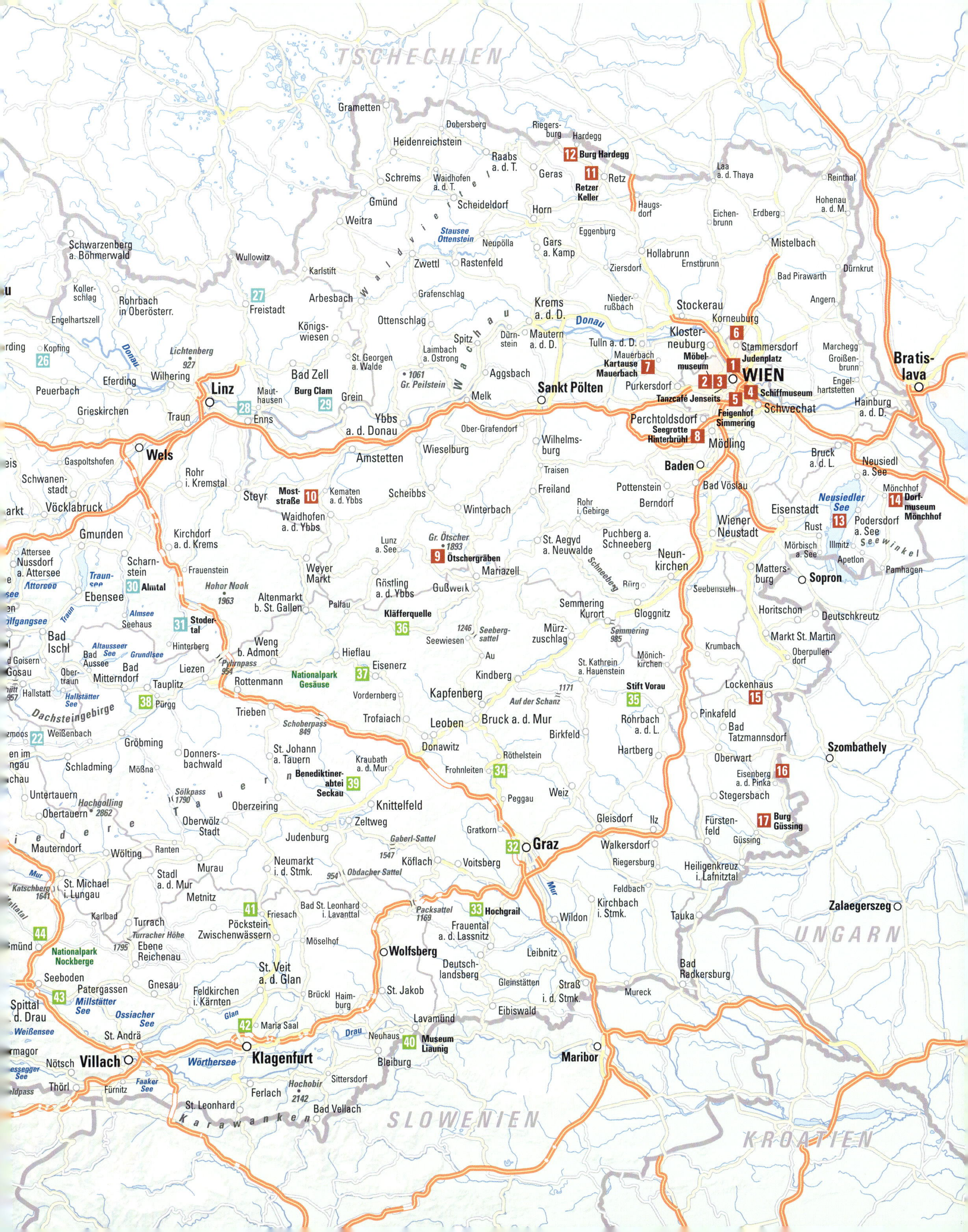

TSCHECHIEN
Grametten
Dobersberg
Riegersburg
Hardegg
12 Burg Hardegg
Heidenreichstein
Raabs a. d. T.
Geras
11 Retzer Keller
Retz
Laa a. d. Thaya
Reinthal
Schrems
Waidhofen a. d. T.
Scheideldorf
Horn
Haugsdorf
Hohenau a. d. M.
Gmünd
Weitra
Stausee Ottenstein
Eggenburg
Eichenbrunn
Erdberg
Schwarzenberg a. Böhmerwald
Wullowitz
Neupölla
Gars a. Kamp
Hollabrunn
Mistelbach
Zwettl
Rastenfeld
Ziersdorf
Ernstbrunn
Dürnkrut
Karlstift
Waldviertel
Bad Pirawarth
Kollerschlag
Rohrbach in Oberösterr.
27 Freistadt
Arbesbach
Grafenschlag
Krems a. d. D.
Niederrußbach
Stockerau
Angern
Engelhartszell
Königswiesen
Ottenschlag
Wachau
Donau
Korneuburg
6
Klosterneuburg
Stammersdorf
Marchegg
Kopfing
26
Lichtenberg 927
Spitz
Dürnstein
Mautern a. d. D.
Tulln a. d. D.
Mauerbach
Kartause Mauerbach 7
Möbelmuseum
1 Judenplatz
Großenbrunn
Bratislava
St. Georgen a. Walde
Laimbach a. Ostrong
1061 Gr. Peilstein
Aggsbach
2 3 WIEN
Purkersdorf
Engelhartstetten
Eferding
Wilhering
Linz
Bad Zell
Burg Clam 29
Mauthausen 28
Grein
Melk
Sankt Pölten
Tanzcafé Jenseits 5
4 Schiffmuseum
Schwechat
Hainburg a. d. D.
Peuerbach
Grieskirchen
Traun
Enns
Ybbs a. d. Donau
Ober-Grafendorf
Perchtoldsdorf
Feigenhof Simmering
Seegrotte Hinterbrühl 8
Mödling
Wels
Gaspoltshofen
Amstetten
Wieselburg
Wilhelmsburg
Bruck a. d. L.
Neusiedl a. See
Schwanenstadt
Rohr i. Kremstal
Steyr
Moststraße 10
Kematen a. d. Ybbs
Scheibbs
Traisen
Baden
Bad Vöslau
Mönchhof
14 Dorfmuseum Mönchhof
Vöcklabruck
Waidhofen a. d. Ybbs
Winterbach
Freiland
Rohr i. Gebirge
Pottenstein
Berndorf
Neusiedler See
Eisenstadt
Wiener Neustadt
Rust
13 Podersdorf a. See
Gmunden
Kirchdorf a. d. Krems
Gr. Ötscher 1893
Lunz a. See
St. Aegyd a. Neuwalde
Puchberg a. Schneeberg
Mörbisch a. See
Illmitz
Seewinkel
Attersee
Nussdorf a. Attersee
Scharnstein
Frauenstein
9 Ötschergräben
Neunkirchen
Apetlon
Traunsee
Weyer Markt
Mariazell
Schneeberg
Mattersburg
Sopron
Pamhagen
Attersee
30 Almtal
Hoher Nock 1963
Göstling a. d. Ybbs
Gußwerk
Bürg
Seebenstein
Ebensee
Altenmarkt b. St. Gallen
Palfau
Semmering Kurort
Gloggnitz
Horitschon
Deutschkreutz
Wolfgangsee
Almsee
Seehaus
31 Stodertal
Klafferquelle 36
1246 Seebergsattel
Mürzzuschlag
Semmering 985
Markt St. Martin
Bad Ischl
Hinterberg
Weng b. Admont
Seewiesen
Bad Aussee
Altausseer See
Grundlsee
Hieflau
Au
Krumbach
Mönichkirchen
Oberpullendorf
Bad Goisern
Gosau
Obertraun
Bad Mitterndorf
Liezen
Pyhrnpass 954
Nationalpark Gesäuse
37 Eisenerz
Kindberg
St. Kathrein a. Hauenstein
Hallstatt
Hallstätter See
Tauplitz
Rottenmann
Vordernberg
Kapfenberg
Auf der Schanz 1171
Stift Vorau 35
Lockenhaus 15
38 Pürgg
Dachsteingebirge
Trieben
Trofaiach
Leoben
Bruck a. d. Mur
Pinkafeld
Rohrbach a. d. L.
Bad Tatzmannsdorf
22 Weißenbach
Schoberpass 849
Birkfeld
Gröbming
St. Johann a. Tauern
Donawitz
Hartberg
Szombathely
Schladming
Mößna
Donnersbachwald
Benediktinerabtei Seckau 39
Kraubath a. d. Mur
Röthelstein
Frohnleiten 34
Oberwart
Eisenberg a. d. Pinka 16
Untertauern
Hochgolling 2862
Sölkpass 1790
Tauern
Oberzeiring
Knittelfeld
Peggau
Weiz
Stegersbach
Obertauern
Oberwölz Stadt
Zeltweg
Gleisdorf
Ilz
Fürstenfeld
17 Burg Güssing
Güssing
Nockberge
Mauterndorf
Wölting
Ranten
Judenburg
Gaberl-Sattel 1547
Gratkorn
32 Graz
Walkersdorf
Mur
Stadl a. d. Mur
Murau
Neumarkt i. d. Stmk.
Köflach
Voitsberg
Riegersburg
Heiligenkreuz i. Lafnitztal
Katschberg 1641
St. Michael i. Lungau
954 Obdacher Sattel
Feldbach
Metnitz
Bad St. Leonhard i. Lavanttal
Kirchbach i. Stmk.
Zalaegerszeg
Karlbad
Turrach
41 Friesach
Packsattel 1169
33 Hochgrail
Wildon
Tauka
44
Turracher Höhe
Pöckstein-Zwischenwässern
Frauental a. d. Lassnitz
UNGARN
Gmünd
1795
Ebene Reichenau
Möselhof
Wolfsberg
Leibnitz
Nationalpark Nockberge
St. Veit a. d. Glan
Deutschlandsberg
Bad Radkersburg
Seeboden
Patergassen
Gnesau
Gleinstätten
Straß i. d. Stmk.
43 Millstätter See
Feldkirchen i. Kärnten
Brückl
Haimburg
St. Jakob
Mureck
Spittal a. d. Drau
Ossiacher See
Glan
Eibiswald
Weißensee
St. Andrä
42 Maria Saal
Lavamünd
Drau
Neuhaus
40 Museum Liaunig
Maribor
Nötsch
Villach
Wörthersee
Klagenfurt
Bleiburg
Faaker See
Thörl
Fürnitz
Hochobir 2142
Sittersdorf
Ferlach
St. Leonhard
Karawanken
Bad Vellach
SLOWENIEN
KROATIEN

VORWORT

ÖSTERREICHS GEHEIME SCHÄTZE

Die Berge, die Seen, die zauberhaften Landschaften und Städte, die auch den größten Kulturhunger stillen: Österreich hat viel zu bieten. Aber nicht nur das. Etwas abseits, im Verborgenen, besitzt es auch noch geheime Schätze. Kleinode, die es zu entdecken gilt.

Österreich, ist das nicht das Land im Herzen Europas, dessen Städte auf Schritt und Tritt mit Kultur aufwarten? In dem sich landschaftliche Schönheit mit genussvoller Lebensart, hohe Kunst mit hervorragender Kulinarik und die Beschwingtheit des Weins mit der Liebe zur Musik vereint? Ja, genau das ist Österreich.

Das prachtvolle Schloss Schönbrunn, die historischen Zentren von Wien, Graz und Salzburg, die einzigartigen Landschaften der Wachau, des Neusiedler Sees und der Region Hallstatt-Dachstein/Salzkammergut, das sind nur einige der zehn Weltkulturerbestätten, die Österreich zu einem der schönsten und kulturhistorisch interessantesten Länder Europas machen. Ein Geheimnis ist das schon lange nicht mehr. Die Millionen von Besuchern, die jedes Jahr kommen, um diese Sehenswürdigkeiten zu bestaunen, beweisen es.

Dass sich Reisende, die ein dichtes Programm haben, dazu entschließen, die Highlights zu besuchen, die im Reiseführer stehen, ist selbstverständlich. Wer nach Wien kommt, muss in die Hofburg, in den Stephansdom und ins Schloss Schönbrunn. Wirklich interessant wird es aber erst für alle, die sich ein bisschen mehr Zeit nehmen. Sie können mit etwas Glück Menschen und Orte aufspüren, die weit ab vom Touristenstrom liegen – wie den alten Seebären, der am Wiener Donauufer ein eigenes Schiffsmuseum aufgebaut hat, oder die beiden Biobauern aus Leidenschaft, die weit draußen am Rand von Wien die süßesten Feigen der Welt züchten.

← Nur rund 500 Einwohner und trotzdem stolze Gemeinde: Rattenberg ist die kleinste Stadt Österreichs.
↑ Rafting für Könner aller Klassen: Die Brandenberger Ache ist für Wassersport wie geschaffen.
↗ Entdeckungen kulinarischer und kultureller Art an der Moststraße – hier das Kloster Seitenstetten

So klein Österreich auch von seiner Ausdehnung her ist, so groß ist die Vielfalt seiner Landschaften. Zwischen Boden- und Neusiedler See, zwei Gewässern, die jeweils in benachbarte Staatsgebiete hineinreichen, liegen Hochgebirge, liebliche Hügellandschaften und Gegenden, in denen sich ein funkelnder See an den anderen reiht. Die Wanderschuhe angezogen, den kleinen Rucksack geschultert, und auf geht's in Gegenden, wo sich keine Massen drängen. Vor atemberaubender Bergkulisse durchs Hinterwinkler Tal bei Filzmoos zum Beispiel oder auf dem Tauglbachweg Vigaun zu einer spektakulären Wildflusslandschaft.

Jeden Abstecher wert

Zu den größten Schätzen Österreichs zählen die vielen kleinen und mittleren Städte, denen es gelungen ist, ihre historischen Altstadtkerne über all die Wechselfälle der Geschichte hin zu bewahren. Oft sind ihre Namen hauptsächlich von Hinweistafeln auf der Autobahn geläufig, und doch: Feldkirch, Freistadt, Enns, Schärding, Frohnleiten, eine dieser Städte ist schöner als die andere. Und sie alle locken dazu, durch enge Gässchen zu schlendern – zu schauen und zu staunen und schließlich in einem kleinen Café mit Schanigarten am Hauptplatz einen Cappuccino oder ein Glas Wein zu genießen.

Dieser Band enthält 58 Ziele, verteilt auf sämtliche Regionen des Landes, die abseits der touristischen Highways liegen. Es sind Orte, die meist nicht mit Superlativen aufwarten können. Viele von ihnen sind Geheimtipps, aber nicht alle. Auf jeden Fall aber sind es Ziele, die etwas ganz Besonderes besitzen. Eine Atmosphäre, ein Flair, eine Schönheit vielleicht, die sich erst auf den zweiten Blick erschließt – dann aber umso mehr beeindruckt. 58 liebenswerte und besondere Orte, die jeden Umweg lohnen!

Stolz und mächtig erhebt sich die Burg Güssing auf einem Vulkankegel über Stadt und See.

DER OSTEN

Wo sich die Landschaften Österreichs von ihrer lieblichsten Seite zeigen

1

WIEN, JUDENPLATZ – ORT DER ERINNERUNG

EIN SPIEGEL DER GESCHICHTE

Von den römischen Kasernen über das mittelalterliche Judenviertel zum berührenden Ort des Gedenkens – kaum ein anderer Platz spiegelt die wechselvolle Geschichte der Stadt so deutlich wider wie der Judenplatz. Mit Mahnmal, Ausgrabungen und Museum wurde er zu einem wichtigen Ort der Erinnerung.

Der Judenplatz war lange Zeit recht unspektakulär. Zwar rief von der Mitte des Platzes aus der gute alte Gotthold Ephraim Lessing zu Toleranz auf, und die mittelalterlichen Häuser ringsum bildeten ein sehenswertes Ensemble, das war's dann aber auch schon. Erst die Ausgrabungen, die von 1995 bis 98 für die Errichtung eines 1994 von Simon Wiesenthal angeregten Mahnmals durchgeführt wurden, brachten die lange Geschichte des Platzes ans Tageslicht. Dieser Stadtteil wurde erstmals von den Römern besiedelt, sie errichteten hier im 1. Jahrhundert Kasernen für ein großes Legionslager. Ab dem 12. Jahrhundert entstand an dieser Stelle dann das Judenviertel.

Ein Archiv der Erinnerung – ohne Zugang

Das Ghetto besaß 70 Häuser, sie waren so angeordnet, dass ihre Rückwände nach außen hin eine Mauer bildeten. Im Zentrum stand das erstmals 1205 erwähnte Schul- oder Bethaus, eine der größten Synagogen Europas. Die Wiener jüdische Gemeinde machte damals fünf Prozent der Stadtbevölkerung aus. Die meisten Familien waren nicht reich, die Judenstadt entwickelte sich aber zu einem Zentrum berühmter jüdischer Gelehrter. Als ihnen die Wiener Bevölkerung um 1420 Zinswucher und Hostienschändung vorwarf, begann die Wiener Geserah, die Vertreibung. Im März 1421 wurden auf der Gänseweide, heute die Kegelgasse beim Hundertwasserhaus, 200 Juden auf Scheiterhaufen verbrannt. Die Synagoge wurde zerstört, ihre Steine dienten beim Bau der Theologischen Fakultät in Wien als Baumaterial.

Es dauerte mehr als ein halbes Jahrtausend, bis Archäologen die Reste der Synagoge, ihre Grundmauern, Teile des Fliesenbodens und die Fundamente der sechseckigen *Bima*, auf der die Tora gelesen wurde, entdeckten. Heute dominiert den Judenplatz das Mahnmal der britischen Bildhauerin Rachel Whiteread. Der im Jahr 2000 enthüllte weiße Stahlbetonkubus ist von starker Symbolkraft. Er stellt eine nach außen gestülpte Bibliothek aus 7000 Büchern dar. Die Türen sind verschlossen, die Buchrücken nach innen gekehrt. Der nicht betretbare Raum und die nicht lesbaren Bücher stehen für den unwiederbringlichen Verlust der 65 000 österreichischen Juden, die zu Opfern des Nazi-Regimes wurden. Auf Bodenfliesen rund um das Mahnmal sind die Namen jener Orte festgehalten, an denen sie zu Tode kamen. Rachel Whitereads Mahnmal verschmilzt mit dem Museum zum mittelalterlichen Judentum und den Ausgrabungen der Synagoge zu einer Einheit des Gedenkens. Absolut sehenswert!

INFO

WOHLGEBORGENE SCHÄTZE
Die Ausgrabungen sind im Erdgeschoss und in den Kellerräumen des Museums Misrachi-Haus am Judenplatz, einer Außenstelle des Jüdischen Museums, zu besichtigen. Drei moderne Schauräume informieren mit audiovisuellen Mitteln über Alltag, Wirtschaft und Religion der mittelalterlichen Gemeinde. Eine Computeranimation rekonstruiert die Judenstadt um 1400 und erlaubt einen virtuellen Rundgang durch die Gassen und in die Synagoge. In Schaukästen sind überdies zahlreiche Ausgrabungsstücke zu sehen. Eine 2021 eingerichtete Dauerausstellung verbindet die Geschichte des Standorts mit der Gegenwart, sie bezieht auch jene des Mahnmals und der Ausgrabungen ein.

WEITERE INFORMATIONEN
In der Kurrentgasse gilt die Bäckerei Grimm als Meister des Feingebäcks. Neben einer Fülle von unterschiedlichen Formen der kleinen Köstlichkeiten hat sich die Bäckerei auch auf glutenfreie Produkte und diätische Backwaren spezialisiert.
jmw.at
grimm.at

↖ Der Stahlbetonkubus am Judenplatz ist ein Mahnmal von starker Symbolkraft.
↑ Die Traditions-Bäckerei Grimm, seit dem Jahr 1536 ein Garant für frische Backwaren

2

WIEN, MÖBELMUSEUM – 300 JAHRE WOHNKULTUR

KÖNIGLICHER FUNDUS

Es ist eine Rarität unter den Museen Wiens und ein echter Geheimtipp: Das Möbelmuseum, einst Möbellager der Habsburger, gewährt Einblicke in drei Jahrhunderte Wohnkultur. Darunter befinden sich komplett erhaltene Biedermeierensembles, kaiserliche Gebrauchsgegenstände und Arbeiten der Pioniere der Wiener Moderne.

Es war im Jahr 1747, als sich Kaiserin Maria Theresia entschloss, ordentlich aufzuräumen. »Bescheidenere Haushaltsführung« lautete die Devise. Also bestellte sie einen Hofmobilien-Inspektor und betraute ihn damit, die riesigen Möbelbestände des kaiserlichen Haushalts zu inventarisieren, zu pflegen und für eine straffe Organisation der Übersiedlung in die Sommerresidenzen zu sorgen. Unter Kaiser Franz II. (I.) erhielt dieser Hofdienst später die Bezeichnung »Hofmobilien-Direktion«, war auch für den Neuankauf von kaiserlichem Mobiliar zuständig und hatte ein Depot zu verwalten. Denn war es bis dahin üblich, Möbel, die bei Hof nicht mehr gebraucht wurden, ans Personal abzugeben oder zu versteigern – sie wanderten nun ins Depot. In dieser Rumpelkammer der Monarchie staubten Möbel und Gebrauchsgegenstände romantisch vor sich hin.

Knapp nach der Jahrhundertwende war Kaiser Franz Joseph an der Reihe, Ordnung zu schaffen. Er ließ in der Mariahilfer Straße 88, also auf halbem Weg zwischen der Hofburg und dem Schloss Schönbrunn, ein zentrales Lager für das Mobiliar errichten, das gerade nicht in Gebrauch war, das K.u.K.-Hofmobiliendepot. 1924 wurde im Bundesmobiliendepot, so der neue Name, zwar eine Schausammlung eröffnet, die stilkundlich gegliedert als Vorbildersammlung für Handwerker diente, dann aber fiel es in eine Art Dornröschenschlaf. Bis 1993. Da begann die Generalsanierung. Architekt Alessandro Alverà, damals Lehrbeauftragter an der Universität für angewandte Kunst in Wien, schuf aus einem drei Komplexe umfassenden Areal ein homogenes Ganzes. Mit lichtdurchfluteten Aufgängen und klaren, hellen Ausstellungsräumen auf 6000 Quadratmetern. 1998 wurde das weltweit größte Museum für Wohnkultur eröffnet samt riesiger Biedermeiersammlung und so vielen Sesseln, dass sich damit ein Fußballstadion füllen ließe.

Habsburger ganz persönlich

Besucherinnen und Besucher des modernen Möbelmuseums finden eine Vielzahl von Originalmöbeln der Habsburger vor. Zu den Highlights zählen das Ägyptische Kabinett, das sich Kaiserin Maria Ludovica in der Hofburg einrichten ließ, und der kostbare Schreibtisch Maria Theresias. Dazu Skurriles, Sinnliches und Eigenwilliges vom Thron bis zum Vogelkäfig und komplette, von den hauseigenen Werkstätten liebevoll renovierte Raumensembles. Gezeigt werden auch Arbeiten der Pioniere der Wiener Moderne wie Josef Hoffmann, Adolf Loos und Otto Wagner oder des Architekten Ernst A. Plischke.

INFO

SILBER VOM FEINSTEN

Gleich ums Eck vom Möbelmuseum, in der Zieglergasse, wird im wahrsten Sinn des Wortes gefeilt und gehämmert, geschliffen und poliert: Jarosinski & Vaugoin ist einer der wenigen Traditionsbetriebe, in denen noch Handwerk und höchste Qualität Priorität haben. Wer einen Sinn für Luxus hat, ist in dieser Silberschmiede goldrichtig. Der Bogen reicht von Gebrauchsartikeln, Schmuck und Tafelsilber zu 200 Besteckmustern von Barock bis Jugendstil.

WEITERE INFORMATIONEN

In der nahen Otto-Bauer-Gasse blüht nach dem Umbau der Mariahilfer Straße zur Parade-Einkaufs- und Begegnungszone das urbane Leben. Abseits vom Trubel der Shopping-Meile laden kleine Läden und Lokale zum Bummeln und Genießen ein. So bieten Yummyaki asiatisches Fast & Healthy Food, die Kaffeefabrik Bio-Kaffee aus eigener Rösterei, L'Amour du Pain französisches Gebäck, das Lädchen »Wunderbar« Mode und handgefertigten Schmuck und das »Répertoire« schön schräge Sachen.
moebelmuseumwien.at
otto-bauer-gasse.at

← Hygienemöbel des Hauses Habsburg: Das Möbelmuseum gewährt tiefe Einblicke.
↑ Handwerk zwischen Grob- und Feinarbeit: die Silberschmiede Jarosinski & Vaugoin

3

WIEN, TANZCAFÉ JENSEITS – TÜR IN DIE VERGANGENHEIT

VERSUMPFEN MIT STIL

Schon allein der mehrdeutige Name verheißt ein ganz besonderes Ausgeherlebnis. Und er hält auch wirklich, was er verspricht. Wer einmal im plüschig verruchten Café Jenseits in Wien-Mariahilf angekommen ist, will so schnell nicht wieder weg. Bis draußen, im Diesseits des 5. Bezirks, der Morgen graut zumindest.

Die Tür in der Nelkengasse, einer Nebengasse der belebten Mariahilfer Straße, ist unauffällig. Braun, fest verschlossen, ohne Aufschrift. Eine Tür, an der Passanten achtlos vorbeieilen. Tagsüber. Kaum ist die Nacht hereingebrochen, ändert sich die Situation. Die Tür ist zwar immer noch braun und verschlossen, aber über ihr leuchtet das Schild »Tanzcafé Jenseits«. Und bald kommen Leute. Je vorgerückter die Stunde, desto mehr. Nach Mitternacht ist der Andrang am größten. Die Eintreffenden sind Insider. Sie läuten oder klopfen an, ein Schuber öffnet sich, und dann wird Einlass gewährt. Das ist der Beginn einer langen Nacht, die garantiert außergewöhnlich verläuft, manchmal sogar legendär.

Musik mit Niveau

Wer eintritt, findet sich in einer roten Retro-Welt aus Samt und Plüsch wieder. Mit Brokat-Tapeten, abgewetzten Samtbänken und einer Bar mit goldfarbener Stoff-Draperie. Marilyn spitzt ein Kussmündchen. Die DJs spielen trashige Musik, unter der Woche Jazz und Soul, am Wochenende Tanzbares, immer mit Niveau. Wer nicht tanzen will, kann an der Bar einen Singapore Sling verkosten oder einen Martini-Cocktail trinken und dabei Zwiesprache mit Elvis halten, drüben an der Wand.

Das »Jenseits« hat Kultstatus. Es ist schräg, wunderbar eigensinnig und ganz und gar nicht unschuldig – was seine Vergangenheit betrifft jedenfalls. In der Zwischenkriegszeit hieß es Café Esterhazy. Als erstes Animier-Lokal mit Tischtelefon war es ein Pionier seiner Zunft. Später dann, als die Mariahilfer Straße eine riesige U-Bahn-Baustelle war, wurde das »jenseits« der Schutthaufen gelegene Lokal zu einem künstlerischen Etablissement. Mit einer Bühne für Aufführungen, Konzerte und Lesungen. So übernahm es 1997 der Künstler Peter Hofmann, dessen Tochter es nun führt. Liebe gibt es im Café Jenseits jetzt nicht mehr zu kaufen. Die Separees sind einem Raum für Veranstaltungen gewichen, die Puff-Atmosphäre aber ist geblieben. Und auch die Diskretion. Das weiß das Stammpublikum zu schätzen, Architekten, Künstler und Schauspieler. Sie können darauf vertrauen, dass Fotos von ihnen nie in falsche Hände gelangen. Der Ruf des »Jenseits« hat sich mittlerweile bis Hollywood durchgesprochen. Quentin Tarantino war schon mehrmals da, und auch als Drehort hat es sich bewährt. Barszenen für den Oscar-prämierten Film »Die Fälscher« wurden hier gedreht, ebenso Szenen für »Tatort« und »Blind ermittelt«. Es werden bestimmt nicht die letzten sein …

← Kultig, schräg und ein echter Insider-Treff: das plüschige Tanzcafé Jenseits
↓ Eine wahre Fundgrube: die Kellerräume des Erotikfachgeschäfts »Liebenswert«

INFO

DIE VINTAGERIE
Zu welcher Tageszeit auch immer: Schräg gegenüber vom Café Jenseits lohnt es sich, in der Nelkengasse in die Auslage der Vintagerie zu schauen. Dieses Souterrain-Lokal ist eine wahre Wunderkammer, voll mit Dingen, die das Herz aller Nostalgiker höher schlagen lassen. Es gibt Möbel und Einrichtungsgegenstände mit dem Charme der Zeit von 1930 bis 1980 zu entdecken: von Roland-Rainer-Stühlen, Lobmeyr-Lüstern, Leuchtbuchstaben, stummen Dienern und schicken 1950er-Fauteuils – alles Teile, die liebevoll in ganz Europa zusammengetragen und vor dem Verkauf renoviert wurden – aber nur so viel wie nötig, denn ein bisschen Patina darf sein.

WEITERE INFORMATIONEN
Kurioses gibt es in den Kellerräumen unterhalb des Erotikfachgeschäfts »Liebenswert – feminine Lebensart« zu entdecken: Das kleine Condomi-Museum dokumentiert die Geschichte des Kondoms. Von den kuriosen Anfängen des Verhütungsmittels bis hin zu verrücktesten Ideen.
tanzcafe-jenseits.com
liebens-wert.at/museum/kondommuseum

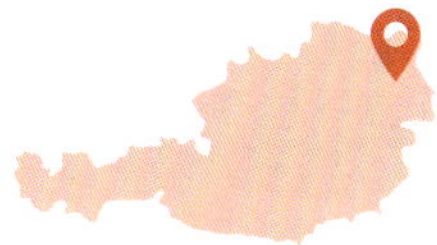

4

WIEN, SCHIFFMUSEUM – VETERANEN DER STRÖME

DER SEEBÄR UND SEIN PARADIES

Schwankende Bohlen, alte Dampfkessel tief unten in Schiffsbäuchen, Offiziersmessen, Kommandostände, Mannschaftsquartiere und jede Menge Schiffszubehör und Gerät: Das Schiffmuseum des Franz Scheriau entführt Landratten in die wunderbare Welt historischer Flussschiffe. Vorausgesetzt, sie sind seefest.

Jahrelang hat Franz Scheriau als Hochsee-Kapitän die sieben Weltmeere befahren. Jetzt sei er an der Donau gestrandet, behauptet er. Das stimmt aber ganz und gar nicht. Tatsache ist vielmehr, dass er in Wien vor Anker gegangen ist. Noch dazu mit einer eigenen, ganz wunderbaren und bunt zusammengesetzten Flotte.

Wenn Franz Scheriau in seinem kleinen Reich an der Donau Besucher empfängt, bittet er sie freundlich, in seinem Wohnzimmer auf einem Sofa Platz zu nehmen. Das ist riskant. Wer nicht seefest ist, läuft Gefahr, seekrank zu werden. Der Grund: Das Wohnzimmer befindet sich auf einem Schiff, das sich im Rhythmus der Donauwellen bewegt. Der Schiffseigner sieht es von der heiteren Seite: »Hier werden alle verschaukelt«, lacht er.

Aufs Wasser gezogen hat es den Seebären von frühester Kindheit an. Geboren im steirischen Leoben, baute er schon als kleiner Bub lieber Flöße auf der Mur, als die Schulbank zu drücken. Mit 14 packte er dann seine Siebensachen – Seesack hatte er ja noch keinen –, heuerte zuerst als Schiffsjunge bei der Donau-Dampfschiffahrtsgesellschaft an und dann auf einem Fischkutter vor Grönland. Mit 18 bestand er die Prüfung zum Hochsee-Kapitän, absolvierte zwei Jahre Praxis und befuhr fortan die sieben Weltmeere. Am Steuer von blank geputzten Kreuzfahrtschiffen ebenso wie von Frachtern und riesigen Öltankern.

← Nicht gestrandet, sondern nur vor Anker liegt die kleine Flotte des alten Seebären am Donauufer – sein kurioses, wunderbares Schiffmuseum.

Kaiserdampfer »Frédéric Mistral«

Als es vor wenigen Jahren für Scheriau, Jahrgang 1951, galt, Kurs Richtung Ruhestand zu nehmen, zeigte die Nadel seines Kompasses zunächst in Richtung Leoben. Er kaufte sich ein Haus, beschloss sesshaft zu werden – und erlitt Schiffbruch. Das ruhige Landrattenleben hinterm Gartenzaun, das war nichts für ihn. Als ihm ein befreundeter Kapitän von dem alten Kaiserdampfer »Frédéric Mistral« erzählte, der da unten im Donaudelta vor sich hin gammelte, zögerte er nicht lang. Das ist was für die alten Tage, ein würdiger Abschluss, dachte er, verscherbelte den Alterssitz in Leoben und erstand das Schiff.

Um den alten Dampfer nach Wien zu schleppen, war ein zweites Schiff nötig. Also kaufte Scheriau noch eines, und dann kamen ein paar weitere dazu. Professionelle Handwerker zum Renovieren hätte er sich nicht leisten können, aber er fand eine Gruppe von Leuten um die 50, die mit Freude und Leidenschaft mithalfen.

Mittlerweile ist die »Frédéric Mistral« das Flaggschiff der Flotte von insgesamt acht historischen Schiffen in dem

Schiffmuseum, das Scheriau 2020 gemeinsam mit seinem Partner Walter Haider gründete. Zu erzählen haben sie jede Menge. Allen voran die 1914 in Holland gebaute »Frédéric Mistral«, die sogar mit einer Geheimkabine ausgestattet war. Angeblich soll in ihr Kaiser Franz Joseph die Donau auf und ab gefahren sein, um seine Kronländer inkognito zu inspizieren. Später diente sie als Minensuchboot im Schwarzen Meer, wurde von Marschall Tito als Befehlsstand für seine Partisanen genutzt und war schließlich schon für die Verschrottung vorgesehen, bevor sie Franz Scheriau rettete. Heute imponiert tief im Bauch des Schiffs der drei Meter hohe Dampfkessel samt Dampfmaschine, und auf der Kommandobrücke wiederholt sich immer aufs Neue ein merkwürdiger Vorgang: Am Steuerrad werden erwachsene Männer plötzlich wieder zu Kindern.

Besucher des schwimmenden Museums können auf vier Piers über schwankende Bohlen zu den Veteranen der Ströme schreiten und auf steilen, engen Treppen in das Leben an Bord eintauchen, das vor Jahren im Maschinenraum, in der Offiziersmesse oder in Mannschaftsquartieren geführt wurde. Da schaukeln Seite an Seite mit dem Kaiserschiff der Eisbrecher »Arthur«, die »Ana«, einst elegantes Salonschiff und ältestes Personenschiff auf der Donau, das Messschiff »Arche Dimetor«, der einzige schwimmende Zollponton »Kranich«, der bis 1898 in Betrieb war, eine 1850 erbaute Seilfähre, das Blumenboot »Zoie« samt Schiffsmodellen, die Schlepper »Josef« und »Isaac« – und dazu eine Fülle an Schiffszubehör, Maschinen und Geräten. Für alle, die angesichts der vielen Schiffe Lust bekommen haben, auf der Donau zu fahren, werden Rundfahrten auf einigen der ausgestellten Schiffe angeboten, beispielsweise auch auf dem Eisbrecher.

Meldezettel auf dem Wasser

Franz Scheriau selbst ist nicht nur der Kapitän seines Museums, er bewohnt es auch. Seine Adresse lautet 1020 Wien, Hafenzufahrtsstraße 17. »Ich bin wohl der einzige Österreicher mit Meldezettel auf dem Wasser«, sagt er und freut sich darüber, dass er genau dort sesshaft geworden ist, wo seine Karriere einst begann.

Der Wiener Magistrat teilt seine Freude nicht. Die Bürokratie fährt immer wieder schwere Geschütze gegen den Seebären auf. Einmal stören seine Blumen am Ufer, dann gibt es Ärger wegen des Liegeplatzes, der offiziell nur genehmigt ist, weil auch eine Donaufähre gemeldet ist. Zuletzt tauchte noch eine antiquierte Verordnung aus dem Jahre Schnee auf, die besagt, dass die Schiffe im Winter an Land zu bringen sind. Derzeit läuft ein Rechtsstreit. Geht er schlecht aus, verliert Scheriau auch sein Zuhause. Eine Alternative hat er nicht. Außer vielleicht, dass er dann unter der Brücke schlafen muss. Und das ist bitterer Ernst, kein Seemannsgarn. Also: schnell hin, bevor die Wiener Rathausbürokraten unbarmherzig zuschlagen, und Franz Scheriau den Rücken stärken!

↗ Franz Scheriau hat alle Weltmeere befahren, jetzt ist er an der Donau an Land gegangen.
↖ An Deck ist alles richtig wohnlich eingerichtet – vorausgesetzt, die Gäste sind seefest.
← Zu bestaunen gibt es jede Menge an historischem Schiffszubehör, Maschinen und Geräten.

INFO

DIE WIENER PAGODE

Eine in dieser Umgebung unerwartete Schönheit ist die Pagode. Errichtet ab 1982 von Mönchen und freiwilligen Helfern innerhalb nur eines Jahres, hebt sich der Rundbau mit 26 Metern Höhe, einer goldenen Buddha-Statue, goldenen Reliefs und goldener Spitze blendend weiß vom Grün des umgebenden Rasens ab. Das Mahnmal für den Weltfrieden blickt auf die Donau, den ganz im buddhistischen Sinn ruhig dahinfließenden Strom. Neben der Pagode steht ein weiteres, von einem japanischen Mönch bewohntes Gebäude. Darin ist ein Tempel untergebracht, der Menschen jeden Glaubens zum Innehalten, Beten und Singen einlädt. Alles in allem ein besonderer Ort der Ruhe und des Friedens.

WEITERE INFORMATIONEN

In unmittelbarer Nähe liegt der Grüne Prater, einst berühmt für Galopp- und Trabrennen. Der Glanz ist heute verblasst, viele der schönen alten Gebäude verfallen trotz Denkmalschutzes. Jede Menge Pferde, Stallungen und Koppeln gibt es aber noch. Ein beliebtes Ausflugsziel und eine Eventlocation ist das elegante Café-Restaurant Lusthaus, errichtet im 18. Jahrhundert nach Plänen von Isidore Canavale.

Schiffmuseum, Tel. +43/664/343 40 82
meinbezirk.at/leopoldstadt
peacepagoda.at

Ort der Ruhe und des Friedens in der Stadt: die Pagode

5

WIEN, FEIGENHOF SIMMERING – FRÜCHTE DES HIMMELS

DER GARTEN EDEN VON SIMMERING

In Simmering, am Rande Wiens, wartet ein paradiesischer Flecken auf Besucher. Da verlocken köstliche Feigen zum Naschen und Verkosten, es gibt in bester Bio-Qualität erzeugtes Obst und Gemüse, erlesene Produkte, Sträucher und Solitärpflanzen zum Mitnehmen – und dazu jede Menge mediterranes Lebensgefühl.

Nein, nein, das kann nicht stimmen! Das Navi wird wieder gesponnen haben! Von wegen »Am Himmelreich«! Da pfeift der Wind durch die Rippen verlassener Glashäuser, wirbeln Teile zerfetzter Folientunnel durch die Luft, und es stinkt es nach Moder und Fäulnis. Ein paar Reihen frisch gepflanzten Salats sind zwar da, von Himmelreich aber keine Spur, also: Nichts wie weg, und zwar schnell!

Genau das wäre ein grober Fehler. Durchhalten heißt die Parole. Zumindest 300 Meter lang. Dann, oh Wunder, ist alles mit einem Schlag ganz anders. Ein kleiner Parkplatz mit adrettem weißen Kies, ein von Rosen, Granatapfel- und Feigenbäumen gesäumter Weg zu dem freundlichen Haupthaus mit kräftig roter Fassade, Sitzgruppen unter hohen, Schatten spendenden Bäumen, ein von Palmen, Oliven- und Feigenbäumen umgebener Teich als privates Refugium und ein vom kräftigen Kräuterduft umwehter Schaugarten. Alles zusammen eine nahezu paradiesische Insel im Strom der Simmeringer Großgärtnereien. Ein lebendiges, duftendes Stück Toskana in Wien und zugleich eine hoch professionelle Plantage mit unzähligen Reihen riesiger Glashäuser und Freiland-Anbauflächen.

Bauer mit Leib und Seele

Uschi Kujal und Harald Thiesz sind die Schöpfer des kleinen Paradieses. Sie haben sich in der Berufsschule für Gartenbau in Kagran kennen und lieben gelernt, in der sie unterrichteten. Beide hatten nach der Jahrtausendwende gerade eine Scheidung hinter sich, lebten als Patchwork-Familie in einer zu kleinen Wohnung – und verfügten über enormes Wissen. Eine größere Wohnung mit Dachterrasse wäre vielleicht eine Option gewesen. Uschi Kujal: »Es hätte einfach nicht gepasst. Harald ist mit Leib und Seele Bauer. Er muss anbauen und wachsen sehen. Also suchten wir nach einer Alternative.«

Die Alternative bot sich in Form eines Pacht-Grundstücks mit dem Areal »Am Himmelreich«. Bei der ersten Besichtigung waren allerdings beide nah dran, Fersengeld zu geben. Das Gebiet sah furchtbar aus, da waren verrottete Glashäuser und Stallungen für Hängebauchschweine, zudem stank es entsetzlich. Die aus einem Wiener Nobelbezirk stammende Uschi aber hielt durch. Nicht zuletzt, weil das »Himmelreich« seinem Namen alle Ehre machte und höchst persönlich eingriff. Es zeigte ihr die Achse zum Schloss Neugebäude, eine geomantische Energie-Linie. Und dann kam von ganz oben die Durchsage: Das ist ein Kraftplatz, nutzt ihn!

Im nächsten Schritt galt es, eine Kultur zu finden. Harald, ganz Bio-Mensch, der, wie Uschi lächelnd behauptet, schon

→ Zum Anbeißen süß und saftig: die paradiesischen Früchte vom Simmeringer Feigenhof

← In der warmen Jahreszeit biegen sich die schön dekorierten Tische unter der überreichen Ernte.
↙ Uschi Kujal und Harald Thiesz sind die beiden Schöpfer des gut gehenden Gartenreichs.
↘ Mediterranes Flair im Wiener »Himmelreich«: Der Feigenhof wirkt wie ein kleines Stück Toskana.

in Gummistiefeln zur Welt gekommen sein muss, probierte es mit Feigen in Glashäusern. Er begann mit 30 Sorten, das Experiment glückte, und mittlerweile gedeihen hier 200 verschiedene Sorten auf 500 Feigensträuchern in den Glashäusern und im Freien. Geerntet wird von Ende Juni bis Ende Oktober. Für Gartenfreunde, die es vorziehen, die süßen Früchtchen selbst zu züchten, besteht die Möglichkeit, Feigenbäume im Topf zu bestellen. Sie werden innerhalb weniger Tage geliefert.

Frisches in Hülle und Fülle

Bei den paradiesischen Früchten aber blieb es nicht. Sie bilden zwar nach wie vor das Stammgeschäft, bekamen aber bald Gesellschaft durch eine illustre Runde »querbeet«. Zurzeit sind es rund 300 Arten von Kräutern und über hundert Sorten Obst und Gemüse, die am Feigenhof kultiviert werden. Und weil viele von ihnen zwischen den Feigenbäumen wachsen, drängt sich das Bild vom Garten Eden auf. Von einem amtlich bestätigten noch dazu, denn der Betrieb ist seit 2005 bio-zertifiziert.

Die Glashäuser werden im Winter nicht geheizt – das bedingt in einem kalten Frühling einerseits, dass empfindliche Pflänzchen wie Paradeiser, also Tomaten, oder Basilikum erst später gepflanzt werden können. Und es bedeutet andererseits, dass Harald seine Leidenschaft als Bio-Bauer voll ausleben kann. Er arbeitet mit Nützlingen, mit Schlupfwespen gegen Blattläuse etwa oder mit Raubwanzen gegen Spinnmilben, setzt auf Kreislaufwirtschaft und Gründünger und experimentiert gern mit seltenen Pflanzen.

Der Opernball lässt liefern

Die Mühe lohnt. Die schöne Jahreszeit bringt am Feigenhof reiche Ernte. Es beginnt im Frühsommer mit Salat und Zucchini, bald folgen Artischocken, Radicchio, Mangold, Gurken-Raritäten, Fenchel, Paprika, Auberginen, Kohlrabi, Chilis in allen nur erdenklichen Variationen und Schärfegraden, Süßkartoffeln und Kürbis. Alles in erster Bio-Qualität, präsentiert auf Tischen, die sich unter der gesunden Last biegen. Neben den Stammkunden greift mittlerweile auch die Wiener Spitzengastronomie und, wie im Jahr 2020 geschehen, sogar der Wiener Opernball auf die Erzeugnisse vom Himmelreich zu. Gefragt sind neben den frischen Produkten die unzähligen Varianten von Marmeladen und Chutneys, die Harald mit seinem Team kreiert. Da fällt die Wahl schwer zwischen raffinierten Spezialitäten wie Feige mit Rosenweihrauch, mit griechischer Bergminze oder mit Ingwer. Oder, für Freunde des Hochprozentigen, zwischen Feigenwein, Feigengeist oder Trebernbrand.

Alles Grund genug, das Navi zu rehabilitieren. Es hat (diesmal, wohlgemerkt!) nicht in die Irre geleitet, sondern geradewegs ins »Himmelreich«!

INFO

SCHLOSS NEUGEBÄUDE

Woher die Energie kommt, die alles so paradiesisch sprießen lässt, ist für empfindsame Naturen leicht zu spüren: Am Horizont zeichnen sich die Umrisse von Schloss Neugebäude ab. Die Sichtwirkt als Kraftachse. Sie führt an die Stelle, an der 1529 bei der ersten Türkenbelagerung das Prunkzelt Sultan Süleymans stand. Just dort erbaute Kaiser Maximilian II. ein Lust- und Jagdschloss. Auf der oberen Terrasse lag ein Garten, begrenzt von gedeckten Arkadengängen mit massiven Ecktürmen, rundum lag der äußere Garten mit Obstbäumen und einem Labyrinth, und auf der untersten Geländestufe erstreckte sich ein großer Teich. Nach dem Tod Maximilians II. baute sein Sohn Rudolf II. an der Anlage weiter, er fügte ein mit offenen Säulengängen gestaltetes Lusthaus und eine Menagerie an, doch auch dieses »Neugebäude« wurde nie fertig. Es verfiel langsam, gilt aber trotzdem als bedeutender Bau des Manierismus. Der einstige Schlossgarten wurde nun zu einem Park.

WEITERE INFORMATIONEN

Der Ab-Hof-Verkauf findet nur am Wochenende statt. Freitagnachmittag und Samstag können Kunden das Obst und Gemüse erwerben. Alles im idealen Reifegrad geerntet und ohne lange Transportwege.
feigenhof.at

Ansicht von Schloss Neugebäude, dem nie vollendeten Lustschloss

6

WIEN, STAMMERSDORF – DAS GESCHMACKSZENTRUM

REFUGIEN DER GEMÜTLICHKEIT

Stammersdorf, das ist ein Wort, das allen Weinliebhabern auf der Zunge zergeht wie ein Tropfen gut gekühlter Grüner Veltliner. Der Ort am Hang des Bisambergs gehört zwar schon seit 1938 zu Wien, zum 21. Bezirk Floridsdorf, ist aber trotzdem bis heute ein Dorf geblieben. Ein echtes, liebenswertes Weindorf noch dazu.

Zugegeben, es ist ein weiter Weg nach Stammersdorf. Besonders für alle, die aus den inneren Bezirken Wiens kommen. Schließlich gilt es, die Donau zu überwinden. Und wer glaubt, dem Ziel am Floridsdorfer Spitz schon nah zu sein, der irrt sich und muss erst noch die Brünner Straße bewältigen. Wer aber tapfer durchhält, wird belohnt. Mit idyllischen Gässchen, windschiefen Häusern, Weinbergen und einem Heurigen neben dem anderen – kurz, mit einem der reizendsten Weinorte überhaupt.

An vielen der Winzerhäuser weisen ein an einer Stange befestigter »Buschen« und ein Licht darauf hin, dass »ausg'steckt is« – und das wiederum bedeutet, dass der Weinhauer geöffnet hat und seinen heurigen Wein ausschenkt. Dass es dazu auch eine feste Unterlage in Form von typischen Heurigenspeisen wir Blunz'n (Blutwurst), Bratlfett' (Bratenfett), Schweinsbraten, Erdäpfelsalat, Fleischlaberln (Frikadellen), Grammeln (Grieben), G'selchtem, Stelzen (Eisbein) und diversen Salaten gibt, versteht sich von selbst. Auch versteckt in den Seitengassen finden sich zahlreiche Buschenschänken. Kleine, liebenswerte Lokale, in denen die Zeit stehen geblieben zu sein scheint. Dort finden die wahren Genießer ihr Glück bei einem guten Tropfen, der im traditionellen Henkelglas serviert wird. Alles fernab von Jubel, Trubel und Touristenbussen.

Süffiger Genuss

Vom Ortszentrum aus führen zahlreiche Hohlwege bergan Richtung Bisamberg. Hier liegen die dunklen und kühlen Weinkeller der Winzer, viele davon uralt. Einer dieser Hohlwege ist die Stammersdorfer Kellergasse, die als die schönste von Wien gilt und in der sich ein Heuriger an den anderen reiht. Oft sind es kleine, idyllische Häuser, in denen steile Holzstiegen hinaufführen auf eine von grünem Blätterwerk überdachte Laube. Dort stehen einfache Holztische und Bänke beieinander, und es gibt reizende Ausblicke auf die Weingärten und, im Idealfall, hinunter auf die Stadt. Ausgeschenkt werden Eigenbauweine. Sie gelten als leicht, fruchtig und spritzig, süffig eben. Mit der Ruhe ist es allerdings zweimal im Jahr vorbei, denn zu zwei Veranstaltungen strömen unzählige Freunde dieser unverfälschten Weinkultur nach Stammersdorf: im Frühjahr beim Mailüfterl und im Herbst bei den Stürmischen Tagen. Zu dieser Zeit herrscht fröhliches Gedränge in der Kellergasse und zwischen den Weingärten. Da wird der neue Wein nach Herzenslust verkostet und im Herbst dazu Sturm und Most, der noch unvergorene Traubensaft.

INFO

FREIE AUSWAHL

In Stammersdorf gibt es so viele Heurige und Buschenschänken, dass die Entscheidung schwerfällt. Hier eine kleine Auswahl:

Weingut Weinhandwerk, Senderstraße 27
Weiß- und Rotweine aus dem Bio-Weingarten und Wildkräuterküche als kreatives Standbein

Weingut Walter Wien, Jungenberggasse 7
In dem Buschenschank eines gebürtigen Tirolers mitten in den Weinbergen gibt es zum Wein Spezialitäten aus Tirol wie Gamswürstel und Hirschschinken und dazu Kunst und Musik.

Weingut bzw. Heuriger Wieninger,
Stammersdorfer Straße 31 und 78
»Der Wieninger« steht für qualitativ hochwertige Weine. Auch der Heurige wurde vielfach ausgezeichnet. Das Buffet ist opulent und vielfältig.

WEITERE INFORMATIONEN

stammersdorf.at
weinort-stammersdorf.at

↖ Romantik auf Schritt und Tritt: In Stammersdorf ist die Zeit stehen geblieben.
↑ Das Weingut Weinhandwerk an der Senderstraße, ein Hort der Gemütlichkeit

Von den Stammersdorfer Weinbergen aus ergeben sich herrliche Blicke auf Wiens Häusermeer.

7

KARTAUSE MAUERBACH – VERTRÄUMTES KLOSTER-IDYLL

ALTEHRWÜRDIGER KRAFTORT

Die Kartause Mauerbach im Wienerwald ist schon allein wegen ihres langen Kreuzgangs einen Besuch wert. Gartenfreunde entzückt darüber hinaus der Kaisergarten, der sich an die uralten Mauern schmiegt. Die Versenkung in die Gartenarbeit sollte der spirituellen Vervollkommnung der Mönche dienen.

In Einsamkeit und Schweigen Gott zu finden, das ist die Grundregel des im 11. Jahrhundert begründeten Kartäuserordens. In diesem Sinne entstand auch die damals einsam im Wienerwald gelegene Kartause Mauerbach. Ihre Blütezeit erlebte sie mit dem Ausbau zu einer riesigen, frühbarocken Anlage in den Jahren 1616 bis 31. Die besten Steinmetze schufen kunstvolle Portale, Tor- und Türumrahmungen und den nahezu unendlich langen Kreuzgang.

In der Kartause lebten die Mönche in entlang der Klostermauern angeordneten Zellen. Dass sie nahezu die Größe eines Einfamilienhauses unserer Zeit hatten und sparsam eingerichtet waren, diente ihnen als Mittel, Ruhe zu finden, ganz frei und leer für Gott zu sein. *Vacare Deo in solitudine* entsprach dem Leitsatz: »Ich muss mich mit Gott füllen, um die Leere zu ertragen, die mich umgibt.« Da auch körperliche Arbeit ein Bestandteil des Mönchslebens war, hatte jeder Ordensbruder einen rund 500 Quadratmeter großen Ziergarten zu pflegen, der vor seiner Zelle lag. Außer diesen 22 geometrisch gestalteten Ziergärten besaß die Kartause noch eine Reihe weiterer Gärten. Zur Versorgung der Mönche gab es Wiesen mit Obstbäumen, einen großen Gemüse- und einen Kräutergarten. Der Tierhaltung dienten Weide- und Wildgarten und, erstaunlich, aber wahr, ein Schildkrötengarten, in dem sich die Kriechtiere tummelten, bevor sie in die Kochtöpfe der Mönche wanderten. Der Repräsentation diente der Prälatengarten.

Vom Sanierungsfall zum Prachtgarten

Als in der Kartause adäquate Räumlichkeiten für den Kaiser samt Gefolge eingerichtet wurden, in denen er auf der Wallfahrt nach Mariazell oder auf Jagdausflügen eine angemessene Unterkunft fand, legte man den Kaisergarten an. Analog zu den Ziergärten vor den Mönchszellen war er dem Kaisertrakt vorgelagert, hatte aber die doppelte Größe der Zellengärten. Nach außen hin schirmte ihn eine hohe Mauer ab, deren beide Eckpunkte zwei von Zwiebeltürmchen gekrönte, zum Garten hin offene Pavillons bildeten. Sinn und Zweck des Kaisergartens war es, hohen Besuchern katholische und speziell kartäusische Glaubensinhalte zu vermitteln.

Die Kartause Mauerbach war das erste Kloster, das von Kaiser Joseph II. im Jahr 1782 aufgehoben wurde. Im Zweiten Weltkrieg diente sie als Notspital, später als Depot für NS-Raubkunst. Die gesamte Anlage verfiel nach und nach, und die Gärten verwilderten, bis ab 1984 das Bundesdenkmalamt begann, sie behutsam zu sanieren.

INFO

DIE MUTTER ALLER BAROCKGÄRTEN

Mit dem hinreißenden Kaisergarten wurde erstmals in Österreich ein barocker Garten zu neuem Leben erweckt. Anders als die symmetrisch auf das dazugehörige Gebäude ausgerichteten Lustgärten der Barockzeit, die ausschließlich diesseitigen Freuden dienten, stellt er einen streng religiösen Kontemplationsgarten dar. Im südlichen Quartier sind um ein zentrales Kreuzbeet Herz- und Ankerformen als Symbole Christi angeordnet. Im nördlichen hingegen reihen sich um einen Vierpass, möglicherweise ein Welt- und Ewigkeitssymbol, die Mariensymbole Lilie und Anker. Die Buschreihe, die jedes der beiden Quartiere umläuft, bilden Rosen. Sie sind ein starkes Mariensymbol, stehen für Liebe, Innigkeit und Vertrauen.

WEITERE INFORMATIONEN

Der Kreuzgang der Kartause ist eine Sensation für sich. Mit insgesamt knapp 500 Metern Länge zählt er zu den längsten in ganz Europa.
Öffnungszeiten: Juni bis September, Samstag, Sonntag und Feiertag, 10 bis 18 Uhr, Führungen nach Anmeldung täglich.
bda.gv.at

← Sensationell: der Kreuzgang der Kartause mit seinen Fresken in den Eckbereichen
↑ Im Kaisergarten sind alle Beete in Form christlicher Symbole angeordnet.

8

SEEGROTTE HINTERBRÜHL – AUF ZU BLAUEN WUNDERN

ROMANTISCHE BOOTSFAHRT

Der größte unterirdische See Europas, eine wildromantische Grotte, ein aufgelassenes Bergwerk und dazu auch noch ein extrem geschichtsträchtiger Ort: Die Seegrotte in einem früheren Gipsbergwerk im niederösterreichischen Hinterbrühl ist ein Ort mit vielen Gesichtern. Eines spannender als das andere.

Auch wenn es auf Anhieb ganz anders wirkt: Die Seegrotte Hinterbrühl ist nicht viel älter als hundert Jahre. Sie entstand 1912, als nach einer Sprengung in dem bereits seit 1848 bestehenden Gipsbergwerk plötzlich 20 000 Kubikmeter Wasser in die unterirdischen Gänge und Stollen eindrangen. Diese gewaltige Flut sammelte sich 60 Meter unter der Erdoberfläche zu einem See.

Die Seegrotte erlebte in den folgenden Jahren ein wechselndes Schicksal. Der Versuch, eine Champignonzucht zu etablieren, scheiterte an den niedrigen Temperaturen. Touristisch ließ sie sich besser nutzen. In der Zwischenkriegszeit wurde sie Besuchern als Schaubergwerk zugänglich gemacht. Nicht ohne Erfolg, bis zum Zweiten Weltkrieg erreichte sie einen beachtlichen Bekanntheitsgrad, pro Jahr kamen bis zu 50 000 Neugierige. Nach Kriegsbeginn wurde sie als Lager für technische Fette und Kulturgüter verwendet, dann aber brach ihre tristeste Epoche an. 1944 beschlagnahmten die Nazis die Seegrotte. Sie pumpten die Stollen aus und missbrauchten den unterirdischen Raum zur Produktion eines der ersten Düsenjägers der Welt – die Heinkel He 162 »Salamander«. Die Arbeiten hatten KZ-Häftlinge aus Mauthausen zu verrichten, unter grauenhaften Bedingungen. Der Spuk endete erst 1945, als die gesamte Anlage schwer bombardiert und zerstört wurde.

Zwei Etagen tief im Berg

Öffentlich zugänglich ist die Seegrotte wieder seit 1984. Besucher können die zwei Etagen der Grotte im Rahmen von Führungen erkunden. Über Treppen geht es durch einen Triebstollen in die Obere Etage, in der zu sehen ist, wie Gips abgebaut wurde. Zahlreiche Anlaufpunkte wie die Rastkammer, die Barbarakapelle, der Pferdestall, das Museum, der Förderberg und -turm sowie ein Flugzeugmodell, ein Festsaal und der kleine blaue See gewähren Einblicke in die Geschichte dieses interessanten Orts.

Die untere Etage bildet mit rund 6200 Quadratmetern Wasseroberfläche Europas größten unterirdischen See. Durch insgesamt sieben Zuflüsse dringt täglich eine große Menge Wasser ein. Um den Wasserstand konstant auf 1,20 Meter zu halten, müssen Nacht für Nacht 50 bis 60 000 Liter Wasser abgepumpt werden. Davon ist allerdings während der Bootsfahrt über den See nichts zu spüren. Hier überwiegen die romantischen Farbspiele und die Berichte darüber, dass in dieser Grotte Szenen für den Hollywood-Film »Die drei Musketiere« gedreht wurden. Alles sehr beeindruckend!

← Auf einer Bootsfahrt lässt sich der größte unterirdische See Europas erkunden.
↓ Der Wehr- und Glockenturm bestimmt die Silhouette des Weindorfs Perchtoldsdorf.

INFO

HISTORISCHES PERCHTOLDSDORF

An der südlichen Stadtgrenze von Wien im Wienerwald gelegen, ist Perchtoldsdorf ein Ort, den nicht nur Wein-Liebhaber zu schätzen wissen. Der Wein brachte dem Ort schon im 12. Jahrhundert Wohlstand, und davon erzählen die vielen uralten Bauwerke, die das Zentrum auch heute noch prägen. Die imposante Burg-Kirchen-Anlage am Marktplatz und der freistehende, 60 Meter hohe Wehrturm, übrigens der größte erhaltene von Österreich, sind neben der spätgotischen Pfarrkirche besonders sehenswert. Der Wehrturm, dessen Grundsteinlegung auf das Jahr 1450 fällt, dient zugleich als Glockenturm der Kirche. Ihre Ursprünge gehen auf das 13. Jahrhundert zurück. Und was ist nach dem Rundgang durch den historischen Kern in Perchtoldsdorf absolut unverzichtbar? Ja, richtig: ein Besuch beim Heurigen – davon gibt es jede Menge, und einer ist besser als der andere!

WEITERE INFORMATIONEN

seegrotte.at
perchtoldsdorf.at
heurigenkalender.niederoesterreich.at

9

ÖTSCHERGRÄBEN – EIN WANDERPARADIES

ÖSTERREICHS GRAND CANYON

Steil aufragende Felsen, kristallklares Wasser und schäumende Gischt: Die »erhabene Wildnis« der Ötschergräben wurde schon zu Zeiten der Romantiker zur nationalen Kultlandschaft erhoben. Heute sind die praktisch vor der Haustüre von Wien liegenden schattigen Schluchten ein beliebtes Ausflugsziel von Wanderern.

Kaum zu glauben, aber wahr: Auch das Gefühl für Landschaften unterliegt der Mode. Im Barock galt der gepflegte, kunstvoll angelegte Garten als schöne Landschaft, im Biedermeier waren es dann der »romantische Winkel« und die »erhabene Wildnis«. Das adelte auch die Ötschergräben zur Kultlandschaft. Man reiste an, wagte einige beherzte Schritte in die Natur und geriet angesichts der großartigen Felsszenerien ins Schwärmen.

Heute sind die Ötschergräben ein Wanderparadies. Die klassische Route beginnt in der Erlaufklause. Der gewiefte Ausflügler parkt sein Auto möglichst nahe bei der Station der Mariazellerbahn und marschiert dann die ausgebaute Ötscherstraße entlang vorbei am Hagengut bis zur Abzweigung des Fußwegs in die Ötschergräben. Dann wird es romantisch. Bergab geht es durch den Wald bis zu den steilen Kehren zum Ötscherhias, der Jausenstation, die sich mit ihren einfachen Bänken und Tischen an die Felsen einer klammartigen Enge duckt.

Smaragdgrüner Schimmer

Hier zeigt sich der Ötscherbach zum ersten Mal. Er fließt in seinem Bett ruhig dahin, das Wasser kräuselt sich, wenn es Felszungen umspült, und wo es tiefere Tümpel bildet, leuchtet es smaragdgrün. Eine kühne Holzbrücke führt über den Bach zu dem gegenüberliegenden, in den Fels gehauenen Steig. Er verläuft am Fuß der Schusterwand, deren Felsabstürze sich mit ihrer interessanten Flora gewaltig auftürmen. Vorsprünge schieben sich gegen den rinnenförmigen Bachlauf vor, das weiße Kalkgestein knirscht unter den Wanderschuhen. Bald ist am Ufer vis-à-vis die hohe Hollerbrandmauer mit ihren ausgedehnten Schutthalden zu sehen. Dann leitet eine Doppelbrücke ans andere Ufer, dort verläuft der Steig teilweise auf Stegen und durch den Schattseitenwald bis zu einer großartigen Wildwasserstelle unter hohen Felsabbrüchen.

Beim Kraftwerk Wienerbruck im Talkessel Stierwaschboden geht es wieder bergan. Der Steig quert Schutthalden, führt in mehreren Stollen unter dem Felsdach durch, und schließlich heißt es, auf vielen in den Stein gehauenen Stufen höherzusteigen. Über einen schmalen Steig geht es zum Lassingfall, der oft als der schönste Niederösterreichs bezeichnet wird, und weiter steil bergauf durch Felsgelände und Wald zum Stausee und nach Wienerbruck. Von dort empfiehlt es sich, mit der bezaubernden Mariazellerbahn nach Erlaufklause zurückzufahren, auch das ein unvergessliches Erlebnis.

INFO

DER MIRAFALL

Nach der Brücke beim Ötscherhias teilt sich der Wanderweg. Nach rechts geht es die Ötschergräben entlang Richtung Wienerbruck, nach links in Richtung Ötscher. Nach rund 20 Minuten auf dem Wanderweg durch die bizarre Dolomitlandschaft entlang des Ötscherbachs ist der Mirafall erreicht. Auf einer Seehöhe von ca. 700 Metern gelegen, gilt er als einer der schönsten Wasserfälle des Landes. Höchst beeindruckend ist er im Frühjahr, wenn dank der Schneeschmelze ungeheure Wassermassen die Felsen herabdonnern. Im unteren Drittel sammelt sich das Wasser zu einer Art Becken, Erfrischung ist allerdings nur besonders Abgehärteten zu empfehlen, denn das Wasser ist wirklich eiskalt. Freunde der Alpenblumen finden in der Umgebung des Wasserfalls jede Menge Petergstamm, Enzian und Alpenrose.

WEITERE INFORMATIONEN

Das 2015 errichtete Naturparkzentrum Ötscher-Basis in Wienerbruck ist Informationsstelle und Ausgangspunkt für viele Wanderungen und Naturvermittlungen im Naturpark Ötscher-Tormäuer. naturpark-oetscher.at

← Der Ötscherbach hat sich tief ins Kalkgestein der Ybbstaler Alpen eingegraben.
↑ Unterhalb des hohen Mirafalls stürzt das Wasser in vielen Kaskaden talwärts.

10

MOSTSTRASSE – IM FRÜHLING DURCH DIE REBEN

EINE LANDSCHAFT WIE EIN BRAUTSTRAUSS

»Mild und wild«, so wird das Mostviertel oft umschrieben, und das zu Recht. Die Region zwischen Donau, Ötscher und St. Pölten ist zweigeteilt: in das mild-fruchtbare Hügelland im Norden und das wild-alpine Bergland im Süden. Die Moststraße führt mitten hindurch und verzaubert vor allem zur Zeit der Obstbaumblüte.

Die Wiege und der Obstgarten Österreichs: Das Mostviertel ist uraltes Kulturgebiet und ein Geheimtipp für Genießer. In der Umgebung des Orts, in dem eine Gedenkstätte an die Urkunde erinnert, auf die im Jahr 996 erstmals der Name *ostarrichi* gesetzt wurde, schlängelt sich die Moststraße 200 Kilometer lang durch ein blühendes Genussrefugium. Hügelauf, hügelab durch eine freundliche Landschaft, die zwar nicht durch spektakuläre Sensationen punktet, die aber dennoch einen Superlativ aufzuweisen hat: Sie bildet mit 300 000 Bäumen das größte zusammenhängende Birnbaumgebiet Europas. Der Most hat in dieser Region eine große Vergangenheit. Und dafür, dass er auch eine große Zukunft haben wird, sorgen die Mostbarone mit ihren erstklassigen regionalen Produkten.

Heimat des Birnenmosts

Die Wurzeln der Birnbaumkulturen reichen tief in historische Zeiten zurück. Schon die Kelten wussten das nicht nur köstliche, sondern auch gesundheitsfördernde Getränk zu schätzen, zu dieser Zeit war der Most allerdings noch nicht verfeinert. Dafür sorgten erst die Römer mit ihrer Kunst der Veredelung. Sie waren auch die Ersten, die sortenreinen Birnenmost herstellten, *piracium*. Im Mittelalter fand der Most sogar Eingang in die Literatur, der Minnesänger Neidhart von Reuental widmete ihm schöne Verse. Auch Kaiserin Maria Theresia lag der Most am Herzen, sie verordnete die Anpflanzung von Streuobstbäumen, und unter Joseph II. erhielten Landwirte, die mehr als 100 Obstbäume pflanzten, sogar silberne Medaillen.

Als im Zeitalter der Industrialisierung Straßen und Eisenbahnnetze entstanden, kam dies auch dem Most zugute. Er konnte nun problemlos aus dem Mostviertel in große Städte gebracht werden. Die durchaus angenehme Folge: Die Mostkeller entwickelten sich zu Goldminen, und das blieben sie auch bis nach dem Zweiten Weltkrieg. Dann aber stiegen Bier, Wein und Limonaden in der Gunst der Konsumenten, der Most war nicht mehr gefragt. Im Mostviertel wurden ganze Birnbaumalleen gerodet und der Baumbestand dezimiert. Mittlerweile hat sich das Blatt wieder gewendet. Der Most erlebt als erfrischendes, bekömmliches Naturprodukt eine Art Wiedergeburt. Und im Mostviertel tragen jedes Jahr 300 000 Birnbäume Früchte. Bei der Ernte verlassen sich die hiesigen Obstbauern nicht darauf, dass die Früchte von selbst herunterfallen. Sobald das Mostobst im Herbst reif ist, wird es mit langen Stangen von den Bäumen geschlagen, so macht man es schon seit Jahrhunderten. Was später bernsteinfarben und wohlschmeckend aus dem Krug ins Glas sprudeln soll, muss mühsam vom Boden aufgelesen werden.

← Die blühenden Obstbäume, die sanft geschwungenen Hügel, und das alles bewacht von einem uralten Kirchlein: eine Idylle à la Mostviertel

Zur Zeit der Baumblüte wirkt das ganze Hügelland wie in einen duftigen Gaze-Schleier gehüllt. Auch knorrige, alte Birnbäume verwandeln sich in schneeweiße, süß duftende Blütenbouquets. Einen Gegensatz zu der nahezu luftigen Zartheit der Landschaft bilden die schweren, erdverbundenen Vierkanthöfe der Bauern. Diese markante Hof-Form ermöglicht es, alles Nötige für Vieh und Mensch »unter einem Dach« unterzubringen.

Der Mostviertler Birnenmost ist weltweit einzigartig. Für die Herstellung der fruchtig-milden Köstlichkeit sind ähnliche Arbeitsgänge und Techniken notwendig wie für die Produktion von Wein. Auch der Aufwand ist um nichts geringer. Nach der Ernte werden die qualitativ erstklassigen Früchte gewaschen, zu Maische verarbeitet und gepresst.

Der Saft kommt dann für zwei bis acht Wochen in Gärbehälter. Bevor der Most ausgeschenkt werden kann, wird er noch filtriert und geklärt. Besonders hoch werden die sortenreinen Birnenmoste geschätzt, die aus typischen Sorten gepresst werden: aus der Grünen und Roten Pichelbirne, der Amstettner Mostbirne, der Dorschbirne, der Honnelbirne, der Speckbirne oder der Landlbirne.

Wahl ohne Qual

Ob in einer bestimmten Gegend Birnen- oder Apfelmost produziert wird, das hängt von der Beschaffenheit des Bodens ab. Westlich von Haag zum Beispiel gedeihen Apfelbäume besser, im Urltal, in der Gegend von St. Peter/Au und in Weistrach hingegen dominieren Birnbäume. Während der Apfelmost, der in zahlreichen Moststraßenwirtshäusern und bei urigen Moststraßenheurigen ausgeschenkt wird, aufgrund seines höheren Säuregehalts auf den ersten Schluck streng schmeckt, trägt der Birnenmost seine Prädikate »gefällig«, »spritzig« oder »lieblich« zu Recht. Der zweite Unterschied liegt darin, dass Apfelmost mehrere Jahre gelagert werden kann, Birnenmost aber muss innerhalb eines Jahres getrunken werden.

Weite Teile der Moststraße sind idyllische Panoramastrecken. So lässt sich zwischen Behamberg und Kürnberg von der Kaiserin-Elisabeth-Warte aus ein herrlicher Rundblick genießen, zwischen Ertl und Seitenstetten ergeben sich prachtvolle Ausblicke auf das Alpenvorland und zwischen Sonntagberg und Euratsfeld auf zauberhafte Hügel. Entlang der Moststraße liegen aber auch kunsthistorische Sehenswürdigkeiten: allen voran Stift Seitenstetten und Stift Ardagger mit dem ältesten figuralen Glasfenster im deutschsprachigen Raum. Das Margarethenfenster aus dem Jahr 1234 zeigt in 14 Bildmedaillons Motive aus der Heiligenlegende um die Märtyrerin, der man gleich mehrfach zu Leibe rückte. Im Zweiten Weltkrieg wurde das Fenster zugemauert und so vor Zerstörung geschützt und an seinem ursprünglichen Platz erhalten. Wahre Juwele sind der gotische Flügelaltar und die Renaissancekanzel der Kirche Mariä Himmelfahrt in Krenstetten sowie das gotische Schnitzwerk der Martinskirche in Innerochsenbach.

↗ Einfach ein Traum in Weiß und Grün: die Moststraße im Frühling
← Die stehende Muttergottes mit Kind im Innenhof des Stifts Seitenstetten

INFO

STIFT SEITENSTETTEN

Wie ein »Vierkanter Gottes« wirkt das Stift Seitenstetten. Das ins hügelige Kernland des Mostviertels eingebettete Benediktinerstift lag immer ein wenig abseits. Auch heute ist es nicht das Ziel von breiten Touristenströmen. Gegründet wurde das Kloster im Jahr 1109 als Augustiner-Chorherren-Zelle. Sein Aufstieg zum kulturellen Mittelpunkt der Region begann aber erst einige Jahre später mit der Berufung von Benediktinern aus Göttweig. Die heutige Form erhielt Stift Seitenstetten in der Barockzeit. Zu den prachtvollsten Räumen der Anlage, die übrigens zu den wenigen vollständig realisierten barocken Klosterplanungen Österreichs gehört, zählen außer der Kirche die Abteistiege mit dem Deckengemälde von Bartolomeo Altomonte, der Promulgationssaal, der Marmorsaal und die Bibliothek. Nach barocken Plänen wurde vor wenigen Jahren der Klostergarten wiederhergestellt, in dem innovationsfreudige Mönche schon um 1620 aus Südamerika eingeführte Erdäpfel kultivierten.

WEITERE INFORMATIONEN

Das Kernland des Mostviertels ist leicht zu definieren: Dazu gehören alle Landstriche, von denen aus die Wallfahrtskirche am 700 Meter hoch gelegenen Sonntagberg gut zu sehen ist.
mostviertel.at
stift-seitenstetten.at

Das Stift war einst das kulturelle Zentrum der Region.

11

RETZER KELLER – AB IN DIE UNTERWELT!

SUPERLATIV UNTER DER ERDE

Ein weit verzweigtes Labyrinth unter der Erde, stellenweise bis zu 20 Meter, also vier Geschosse tief und über 21 Kilometer lang: Der historische Retzer Weinkeller ist unterirdisch um vieles länger als oberirdisch das Straßennetz des 4300-Einwohner-Städtchens. Er ist der größte Österreichs – und mit Abstand der spektakulärste.

Retz, dieser Ortsname weckt bei Wein-Liebhabern dank des in der Umgebung kultivierten hervorragenden Grünen Veltliners Erinnerungen an das alte Hans-Moser-Lied: »I muaß im frühern Lebn eine Reblaus gwesen sein, ja, sonst wär die Sehnsucht nicht so groß nach einem Wein …« Ins Schwärmen geraten ebenso Freunde historischer Altstädte, denn in der Weinstadt reihen sich um den Hauptplatz wunderschöne alte Bauwerke aus verschiedenen Epochen aneinander, und auch die Stadtbefestigung samt ihren beiden Toranlagen steht noch. Doch das ist längst nicht alles. Retz hat zudem unter der Erde einen Superlativ zu bieten: den größten historischen Weinkeller Österreichs.

Die Geschicke der nah an der Grenze zu Tschechien gelegenen Stadt sind seit jeher mit dem Weinbau verbunden. Retz wurde im Jahr 1279 am Kreuzungspunkt zweier mittelalterlicher Handelswege gegründet. Das Mautrecht über diese Straßen führte bald zu Wohlstand, aus der ersten Blütezeit stammen die frühgotischen Bauten der inneren Stadtmauer mit den Toren, die Dominikanerkirche und der rechteckige Marktplatz. Schon damals legte man unter den Häusern des Marktplatzes ausgedehnte Keller an.

Der Wein bringt Wohlstand

Gerade diese Keller wurden der Stadt im Jahr 1425 zum Verhängnis. Hussiten untergruben die Befestigungen, gelangten in die Keller und von diesen in die Stadt. Einen Teil brannten sie nieder, einen anderen verwüsteten sie. Die Wende für den zerstörten Ort brachte 1458 das Privileg Kaiser Friedrichs III.: Es umfasste die Salzniederlage, den Handel mit Getreide und mit Wein. Damit war das Recht bestätigt, dass die Stadt mit Wein handeln durfte, und dieser Handel ließ den Ort aufblühen. Um den Marktplatz wurden die prachtvollen Häuser im Renaissance-Stil erbaut. Zeitgleich mit der Stadt wuchsen auch die Weinkeller. Die ursprünglich aus festem Quarzsand, einer frühtertiären Meeresablagerung, herausgekratzten Kellerröhren erstreckten sich immer weiter, der Länge nach, aber auch in die Tiefe. Dass das riesige Kellerlabyrinth aus Stollen, Röhren und Räumen untereinander verbunden war, beweisen aus der Zeit erhaltene Pläne. Und dass auch für Entlüftung gesorgt war, zeigen die zahlreichen »Luftlöcher« im Pflaster der Altstadt. Erkundet werden kann das historische Wein-Labyrinth im Rahmen von Führungen. Sie beginnen üblicherweise am Hauptplatz mit einer kleinen Weinprobe. Da im Erlebniskeller Temperaturen von 10 bis 12 °C herrschen, wird entsprechende Kleidung empfohlen.

INFO

BLICK VOM RATHAUSTURM

Der Marktplatz von Retz, übrigens der (nach Linz) zweitgrößte Österreichs, ist für sich schon eine Sensation. Den besten Rundumblick bietet der Rathausturm. 128 Stufen sind es bis zur Aussichtsplattform rund um die Türmerstube. Von dieser Freiluft-Galerie aus lassen sich die alte Stadtbefestigung und der Hauptplatz mit seinen markanten Gebäuden optimal überblicken. Das Verderberhaus mit seiner venezianischen Renaissance-Fassade ragt heraus und auch das Sgraffitohaus aus dem 16. Jahrhundert, dessen Fassade Szenen aus der griechischen Mythologie und dem Alten Testament zieren. Beim Rathaus, das auf einer gotischen Kapelle beruht, deren Bau infolge finanzieller Schwierigkeiten ins Stocken geriet, ist auch die sogenannte Rathauskapelle im Rokokostil sehenswert.

WEITERE INFORMATIONEN

Die Retzer Windmühle auf einer Anhöhe zwischen Retz und dem Manhartsberg ist eine der letzten Windmühlen Österreichs. Mit neu ersetzten Flügeln ist sie seit 2010 wieder in Betrieb.
retzer-land.at

↖ Retz unterirdisch: ein faszinierendes Labyrinth aus Röhren, Stollen und Räumen
↑ Der Blick vom Rathausturm auf die sorgsam restaurierte Altstadt von Retz

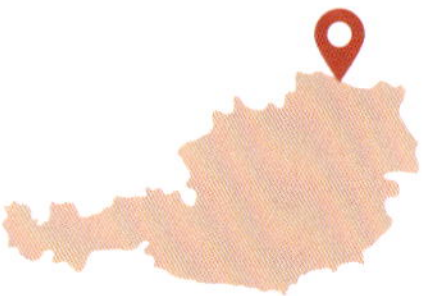

12

BURG HARDEGG – STOLZ UND STARK

THAYABURG IN 1A-LAGE

Von ihrer Felsklippe aus überblickt die Burg den Talkessel der Thaya. Einst eine starke Grenzfeste, war sie lange dem Verfall preisgegeben und erstand erst Ende des 19. Jahrhunderts neu – samt dem Museum zu Ehren Kaiser Maximilians von Mexiko und zur Erinnerung an das österreichisch-mexikanische Freiwilligenkorps.

Die Anfänge der Burg Hardegg reichen in die Zeit zurück, als die Babenberger entlang der Thaya die Grenze gegen Norden hin zu sichern begannen. Über viele Jahrhunderte war es tatsächlich ihre Aufgabe, die Grenze zu überwachen, »zum Schutz für Land und Leute«. Ab dem 17. Jahrhundert war Burg Hardegg kaum mehr bewohnt. Ihre Besitzer bevorzugten das weitaus komfortablere Schloss Riegersburg. Die Thayaburg begann zu verfallen. Als im Jahr 1764 ein Großbrand Hardegg, die kleinste Stadt Niederösterreichs, in Schutt und Asche legte, erhielten die Bürger die Erlaubnis, sich zum Wiederaufbau ihrer 15 Häuser an den längst unnütz gewordenen Steinen und dem Gebälk der Burg zu bedienen. Es dauerte nicht lange, und die einst mächtige Grenzfeste war eine Ruine. Und doch: Ihr Ende war noch nicht gekommen.

Ein weitgereister Burgherr

Im letzten Jahrzehnt des 19. Jahrhunderts erweckte Fürst Johann Carl Khevenhüller die alten Mauern zu neuem Leben. Geboren 1839, trat er zunächst in die Armee ein, brachte es rasch zum Rang eines Rittmeisters – und zu den sprichwörtlichen Schulden eines Stabsoffiziers. Nicht zuletzt aus diesem Grund meldete er sich zum Freiwilligenkorps, das Kaiser Maximilian nach Mexiko begleitete.

Das Ausmaß des Abenteuers, das ihn erwartete, konnte er freilich nicht ahnen. Kaiser Maximilian wurde im Juni 1867 in Querétaro erschossen. Im September kehrte Khevenhüller über New Orleans nach Europa zurück. In der Heimat hielt es ihn aber nicht lange. Schon im folgenden Jahr brach er zu einer mehrere Monate dauernden Afrika-Expedition auf, und auch danach ging er immer wieder auf Reisen. Ab den 1890er-Jahren begann er mit dem Wiederaufbau der Burg Hardegg. Ganz im Sinn des Historismus baute er die Burg romantisch zu der heute noch bestehenden weitläufigen Anlage mit drei mächtigen Türmen aus, im Souterrain der Burgkapelle entstand eine Grablege für die Familie. Zur Erinnerung an Kaiser Maximilian richtete er ein Museum ein, das allerdings im Zuge der Plünderungen des Jahres 1945 schwer beeinträchtigt wurde.

Die Burg ist heute immer noch im Besitz der Nachkommen des Fürsten Khevenhüller-Metsch. Der hoch aufragende Felsen mit der Burg ist im Thayatal weithin zu sehen. An dem stolzen Anblick können sich alle erfreuen, die auf einem der zahlreichen Rad- oder Wanderwege in dieser Region nahe der mährischen Grenze unterwegs sind.

← Die Burg Hardegg, stolz thronend über der kleinsten Stadt Niederösterreichs
↓ Der Nationalpark Thayatal, eine der letzten unberührten Flusslandschaften

INFO

IM NATIONALPARK THAYATAL

Gemeinsam mit dem jenseits der tschechischen Grenze gelegenen Národní park Podyjí stellt der Nationalpark Thayatal eine der letzten naturnahen Tallandschaften Mitteleuropas dar. Der Fluss Thaya hat in diesem Gebiet im Lauf der Jahrhunderte eine Vielfalt an Lebensräumen und Waldtypen geschaffen, in denen über 40 Prozent aller heimischen Pflanzenarten gedeihen und den zahlreichen gefährdeten Tierarten das Überleben sichern. Für Besucher, die den Nationalpark erkunden wollen, stehen 100 Kilometer an Wander- und Radwegen zur Verfügung. Die Routen führen durch sanfte Wiesen und kühle Wälder an Fluss und Bach entlang.

WEITERE INFORMATIONEN

Im Jahr 2022 ist die Burg geschlossen, aktuelle Öffnungszeiten finden sich auf waldviertel.at.
Wie aus Perlmutt edle Knöpfe und Schmuckstücke entstehen, können Besucher in der Perlmuttmanufaktur in Felling bei Hardegg beobachten.
burgenwelt.org
np-thayatal.at
perlmutt.at

13

NEUSIEDLER SEE – EINE RUNDE UM DEN SEE

GRENZENLOSES VERGNÜGEN

Entlang des Schilfgürtels, durch reizende historische Orte, vorbei an Weingärten, Salzlacken und Feuchtwiesen und noch dazu über die Staatsgrenze nach Ungarn: Der wunderschöne Radweg um den Neusiedler See führt an den westlichsten Steppensee Mitteleuropas – und mitten hinein ins Herz der UNESCO-Welterberegion.

Der Neusiedler See ist ein Ferienparadies par excellence. Das Rascheln des Windes im Schilf, das Konzert der Vogelstimmen, die Luft, die nach Salz, Wasser und Gras duftet, das alles ergibt einen eigenen kleinen Kosmos voller Wunder. Der westlichste Steppensee Europas ist allerdings auch launenhaft wie eine Primadonna. Im Sommer kann sich die »Badewanne der Wiener«, die so seicht ist, dass man fast überall stehen kann, blitzschnell in ein Ungeheuer mit meterhohen Wellen verwandeln. Und dann gibt es wieder Zeiten, in denen der Wasserstand so niedrig ist, dass das Austrocknen des Sees befürchtet wird.

Grandiose Ausblicke

Eine der schönsten Arten, den Neusiedler See zu erkunden, ist per Rad. Nach Lust, Laune und Kondition können unterschiedlich schwere Teilstrecken gewählt werden. Passionierte Radler entscheiden sich für die 125 Kilometer lange Umrundung des Sees. Dann geht es auf dem asphaltierten, größtenteils flach verlaufenden Radweg immer in See-Nähe munter dahin. Aussichtstürme entlang der Route ermöglichen fantastische Ausblicke über den See und bis in die ungarische Tiefebene. Wer will, kann unterwegs in netten Quartieren übernachten, einen Badestopp einlegen, einen Bootsausflug unternehmen oder in einem der vielen Gasthöfe regionale Schmankerl verkosten.

Die beliebteste Route verläuft von Neusiedl am See zur Ostseite des Sees, in den Seewinkel. Eine Landschaft, die durch ihre Weite und Offenheit fasziniert und die einer unglaublichen Vielfalt an Tieren und Pflanzen einen Lebensraum gibt. Über Podersdorf, Illmitz und Apetlon mündet der Radweg in den Iron Curtain Trail, der an den Eisernen Vorhang erinnert. Erste Station in Ungarn ist Mexiko-Puszta (Fertöújlak), dann geht es weiter über Fertöd mit dem Esterházy-Schloss zum Thermalbad Hegykö und nach Balf. Durch hügeliges Weingebiet führt die teils anspruchsvolle Strecke nach Fertörákos und von dort zurück auf österreichisches Staatsgebiet. Die Westseite des Sees hat kulturelle und kulinarische Highlights zu bieten. Auf Mörbisch, den Ort der Seefestspiele, folgen die historische Stadt Rust, dann die älteste Rotweingemeinde Oggau und Donnerskirchen. Purbach, Breitenbrunn und Winden, das alles sind reizende Orte, in denen erstklassige Lokale und traditionelle Kellergassen für Speis und Trank sorgen. Die letzte Etappe schließlich führt über Jois zurück nach Neusiedl am See – damit schließt sich der Kreis der See-Umrundung.

INFO

DIE MEXIKO-PUSZTA

Auf den Überschwemmungsflächen vor dem See weiden Graurinder, Wasserbüffel und Zackelschafe, im Schilfgürtel und auf den Wasserflächen tummeln sich Gänse, Reiher und Störche: Die Mexiko-Puszta, die ihren Namen dem Habsburger Erzherzog Maximilian verdankt, der 1864 Kaiser von Mexiko wurde, ist heute Teil des Nationalparks Fertö-Hanság und ein Eldorado für alle nur erdenklichen Tierarten. Ein spezielles Erlebnis garantiert ein Spaziergang entlang des historischen Einser-Kanals, an dem eine Aussichtswarte einzigartige Ausblicke auf den See und seine Bewohner, bis zu 300 Vogelarten, bietet. Besonders beeindruckend ist dieser Ort am Abend: Nirgends geht die Sonne spektakulärer unter.

WEITERE INFORMATIONEN

Gleich gegenüber dem ungarischen Nationalparkmuseum lädt das Gasthaus Gartner zur Einkehr. Unbedingt zu empfehlen: das Gulasch mit hausgemachten Nockerln, das Kenner als das »weltbeste« bezeichnen.
neusiedlersee.com
nationalparkhof-gartner.at

← Ein sportliches Vergnügen: die Umrundung des Neusiedler Sees per Drahtesel
↑ Der Steppensee ist ein Vogelparadies, das wissen auch die Säbelschnäbler.

14

DORFMUSEUM MÖNCHHOF – GESCHICHTE HAUTNAH

EIN FENSTER IN DIE VERGANGENHEIT

Es begann mit einem kleinen Gipsengel und endete bei einem kompletten Dorf: Die Sammelleidenschaft eines Burgenländers erweckt die Lebens- und Arbeitsverhältnisse der Bauern und Handwerker des Seewinkels zu neuem Leben. Sein Museum zeigt die »gute, alte Zeit«, die allerdings nie anders war als karg und schwer.

Josef Haubenwallner aus Mönchhof war zwölf Jahre alt, als er beim Spielen einen kleinen Gipsengel fand. Seither ließ ihn das Sammeln nicht mehr los, er trug Stück um Stück zusammen. Keine Kunstschätze, sondern Dinge des täglichen Gebrauchs zuerst, später dann gezielt Gegenstände aus dem Themenbereich Landwirtschaft, Handwerk und Wohnen. Schließlich begann der gelernte Maurer, Häuser zu bauen – auf dem Grundstück mit dem Teich, das inzwischen seiner Frau Christl und ihm gehörte. Nach und nach fügte sich ein Haus an das andere – bis daraus ein Dorf wurde. Seit 1990 ist es ein Freilichtmuseum: ein großes Fenster in die Vergangenheit.

Karge Heide

Der nahe See, das Schilf, der Wein, die vielen seltenen Vögel: Im Seewinkel ist die Natur noch intakt. Das wissen jedes Jahr Tausende Urlauber zu schätzen. Die touristischen Einrichtungen lassen den Gedanken gar nicht aufkommen, dass der Hoadboden, der »Heideboden«, wie die Umgebung von Mönchhof früher genannt wurde, lange eine karge Landschaft war. Eine Gegend, in der die Bauern, Handwerker und Kleinhäusler dem Boden ihre Existenz abringen mussten. Sie lebten mit ihren kinderreichen Familien auf engem Raum, hatten um ihr tägliches Brot zu kämpfen und litten oft genug Hunger. Die großen Veränderungen kamen erst Mitte des 20. Jahrhunderts, als Asphalt, Beton und »Technik« den Hoadboden eroberten. Von da an verschwand die bittere Armut und mit ihr die bescheidenen Lebensformen. Das Dorfmuseum Mönchhof ruft sie wieder in Erinnerung.

Wer die Häuser, Werkstätten und Scheunen betritt, kann sich gut vorstellen, wie die Menschen früher gelebt haben. Die Räume und Gegenstände erzählen von ihrer harten Arbeit, ihren Nöten, der Beengtheit ihres Wohnraums, aber auch von den kleinen Freuden des Alltags und der Frömmigkeit. Der erste Teil des Museums beschäftigt sich mit den Grundlagen der Existenzsicherung. Im Eingangsbereich zeigt eine Vielzahl von Arbeitsgeräten, was die Menschen angebaut und wovon sie gelebt haben. Der zweite Teil ist der Bevorratung gewidmet, denn sie war vor dem Siegeszug der Tiefkühltruhe ein überlebenswichtiges Thema. Der dritte Teil schließlich stellt ein richtiges, um einen zentralen Platz angeordnetes Dorf dar. Mit allem, was dazu gehört: Schule und Gasthaus, Greißlerei (der Lebensmittelladen) und Kino, Gemeindeamt und Post, Arztpraxis und Friseur, Milchhaus und Schrotmühle. Das Dorfende bildet die Kirche, die auf einer Anhöhe thront und alles überblickt.

← Das Klassenzimmer der original rekonstruierten Schule im Dorfmuseum Mönchhof
↓ Im Reich des »Tomatenkönigs« Erich Stekovics ist viel Handarbeit gefragt.

INFO

DAS PARADIES DER PARADEISER

Erich Stekovics ist der »Paradeiserkönig« des Burgenlands, der »Tomatenkönig«. Geboren in Frauenkirchen, wuchs er mit dem Duft von Paprika auf, denn seine aus Serbien eingewanderten Eltern kultivierten auf ihren Feldern Freilandpaprika. Als er 1999 den Betrieb des Vaters übernahm, setzte Stekovics von Anfang an auf Sortenvielfalt. Insgesamt hat er bereits 3200 Paradeisersorten, 70 Chili-Arten und dazu jede Menge Knoblauch, Zwiebeln und Gemüse angebaut und verfügt über die weltweit größte Sammlung an Paradeisersaatgut. Im Gegensatz zum herkömmlichen Paradeiseranbau nutzt Stekovics die natürliche Wuchsform der Paradeiser – es handelt sich um flach am Boden rankende, nur teilweise an Rankhilfen emporsteigende Gewächse. So kultiviert er seine Pflanzen ohne Stützen, geizt sie nicht aus und gießt auch nicht.

WEITERE INFORMATIONEN

Frisches Gemüse gibt es im Hofladen von Erich und Priska Stekovics in Frauenkirchen, Schäferhof 13.
dorfmuseum.at
stekovics.at

15

LOCKENHAUS – DIE LETZTE RITTERBURG

DICKE MAUERN, UNGELÖSTE RÄTSEL

Im Herzen des burgenländischen Naturparks Geschriebenstein gelegen, gilt Lockenhaus als letzte echte Ritterburg. Sie beeindruckt mit vollständig erhaltenen meterdicken Mauern, Türmen, zierlichen Säulenfenstern und Fresken. Und mit einem Kultraum, der sein faszinierendes Geheimnis bis heute nicht preisgegeben hat.

Um das Jahr 1200 über dem Tal der Güns erbaut, bestand die Kernburg zunächst aus Bergfried und Ringmauer, sie wurde aber schon bald um Kapellenturm, Rittersaal und Krypta erweitert. Diese uralten Bauten beweisen ein hohes Kunstempfinden der Burgherren. In der Burgkapelle sind in byzantinischem Stil gemalte Fresken aus dem 13. Jahrhundert erhalten, sie gelten als die ältesten des Burgenlands. Aus dieser Zeit stammt auch das Herz der Burg, der Kultraum. Er ist mit seinem magischen Lichtauge und der steinernen Hostienkammer weltweit einzigartig. Durch das Lichtauge dringen Strahlen bestimmter Himmelskonstellationen ein und spiegeln sich in einem mit Wasser gefüllten Becken – das lässt mystische Kulthandlungen erahnen.

Dafür, dass Lockenhaus eine Ordensburg des Templerordens war, sprechen an der Decke des Kultraums Steinmetzzeichen, wie sie auch in Templerburgen in Spanien und Portugal vorkommen. Der Kapitelsaal erinnert an die Architektur von Templerburgen in Syrien und Palästina. Ein Museum erzählt die Geschichte des Templerordens, von seiner Entstehung nach dem ersten Kreuzzug bis zu seiner Aufhebung durch Papst Clemens V. im Jahr 1312.

Der weibliche Graf Dracula

Zu grausiger Berühmtheit kam Lockenhaus durch Elisabeth Báthory-Nádasdy. Geboren 1560, lebte sie in panischer Angst davor, ihre Schönheit zu verlieren. Als die Zofe Darvolia ihre Herrin beim Frisieren versehentlich an den Haaren riss, versetzte diese ihr eine so heftige Ohrfeige, dass sie aus Mund und Nase blutete. Ein Tropfen Blut fiel auf die Hand der Gräfin – und siehe da, die Haut glättete sich. Das Wundermittel für ewige Jugend war gefunden: Menschenblut. Sogleich ließ die Gräfin jungfräulichen Mädchen aus der Umgebung die Adern öffnen und ihr Blut in einem Bottich sammeln, damit sie darin baden konnte. Das erste Blutbad leitete eine Orgie ein, die zehn Jahre dauerte.

Ab 1676 verlor Lockenhaus an Bedeutung. Die Hochburg wurde zeitweise als Magazin und Munitionslager genutzt, der Rittersaal diente als Vorratskammer. Im 19. Jahrhundert verfiel die Burg, nach dem Zweiten Weltkrieg richteten die Russen schwere Schäden an. Ein Neubeginn kam, als 1968 der Schriftsteller Paul Anton Keller die stark verfallene Burg erwarb und instand setzte. Ab 1976 sorgte die Prof. Paul Anton Keller-Stiftung für Renovierungen und schuf Museumsräume sowie den Konzertsaal, in dem alljährlich das Kammermusikfest Lockenhaus stattfindet.

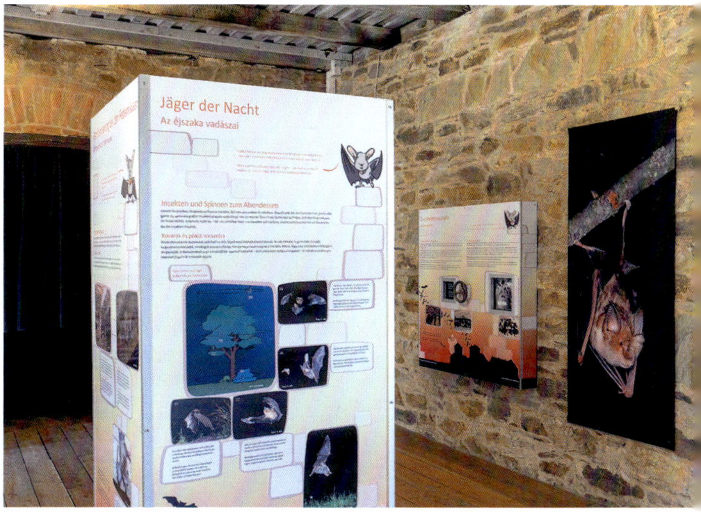

INFO

DAS FLEDERMAUSMUSEUM
Die Wimperfledermaus, die im Dachboden der Burg jeden Sommer ihre Jungen aufzieht, gab den Anstoß zur Gründung des Fledermausmuseums. Auf zwei Etagen werden Einblicke in die Lebensgewohnheiten und die Gefährdungen der faszinierenden Nachtschwärmer gegeben. Eine Bildtafel zeigt alle 28 in Österreich lebenden Fledermausarten. Zu den Highlights gehört die nachgebaute Waldlichtung, ein abgedunkelter Raum, in dem Besucher die Jagd von Fledermäusen in einer Sommernacht erleben können.

WEITERE INFORMATIONEN
Im Rahmen der Burgführung sehen Besucher das Fürstenzimmer, einen Barocksaal mit doppelten Stichkappen, die Kapelle mit der in die gotische Pfaffenstube führenden Schneckenstiege und die Waffenkammer im fünfeckigen Bergfried. Einer der interessantesten Räume ist der Kapitelsaal, eine Säulenhalle, die, der Form des Bergs folgend, einen Knick in der Längsachse aufweist.
lockenhaus.at
naturpark-geschriebenstein.at
ritterburg.at

↖ Ob an so einer Tafel einst Tempelritter zechten? Lockenhaus gibt Rätsel auf!
↑ Das Fledermausmuseum informiert über die geheimnisvollen Nachtschwärmer.

16

DER EISENBERG – EINE BILDERBUCHLANDSCHAFT

DIE WEINIDYLLE IM BURGENLAND

Österreich besitzt jede Menge berühmter, stark frequentierter Weinzentren. Dazu zählt der Eisenberg im südlichen Burgenland nicht. Er hat sich seine Ursprünglichkeit bis heute bewahrt, auch in den Zeiten des Höhenflugs der heimischen Weine. Der Eisenberg ist ein echter Geheimtipp in verträumter Landschaft.

Wie lieblich!« Wer von der Aussichtsplattform »Weinblick« aus in die Landschaft des südlichen Burgenlands schaut, gerät unweigerlich ins Schwärmen. Die sanft gewellten Hügelketten, die steilen Hänge mit den langen Reihen der Weingärten, die grünen Felder und Wälder und dazwischen, wie zufällig hineingestreut, kleine Dörfer und einzelne Bauernhöfe. Diese Bilderbuchlandschaft ist nicht nur eine ländliche Idylle, sie ist auch ein Weinbaugebiet, das höchsten Qualitätsansprüchen gerecht wird. Und das, obwohl hier, in der »Weinidylle« Eisenberg, neben wenigen größeren Betrieben hauptsächlich Nebenerwerbswinzer die kleinen Rebflächen bewirtschaften.

Das Südburgenland gilt mit seinen rund 500 Hektar Rebfläche als das kleinste Weinanbaugebiet Österreichs. Die meisten Flächen sind zwar von geringer Größe, auf ihren sonnenverwöhnten Hängen reifen aber fantastische, aromatische Trauben, aus denen die Winzer erstklassigen Wein produzieren. Allein 180 Hektar entfallen auf den mineralisch-fruchtigen Blaufränkisch vom Eisenberg. Dieses Aushängeschild der Region ist nach amtlicher Definition des Landwirtschaftsministeriums »eine autochthone österreichische rote Qualitätsrebsorte«. Sie entstand durch eine Kreuzung zwischen Weißer Heunisch und einer seltenen alten Rebsorte mit dem heute üblichen Namen Sbulzina oder Blaue Zimmettraube. Der aus dieser Rebsorte hergestellte Blaufrankisch-Wein ist ein »frischer, rassiger, feinsäuerlicher und tanninbetonter Wein von kräftiger dunkler, rubinroter Farbe mit violettem Schimmer«, so das Ministerium.

← Die Hügelketten und die verträumten Ortschaften der Region Eisenberg im Herbstlicht: eine Landschaft wie aus dem Bilderbuch

Der Schatz der Region

Die Landschaft des Eisenbergs, die sich im Süden des Burgenlands von Rechnitz im Norden bis nahe Güssing im Süden erstreckt, besitzt einige klimatische und geologische Besonderheiten. Hier, im Grenzgebiet zu Ungarn, vereinen sich das kontinentale und das mediterrane Klima zum sogenannten pannonisch-illyrischen Klima, das von rauen und kalten Einflüssen aus dem Norden weitgehend verschont bleibt. Landschaften, Klimazonen und Kulturen verschmelzen zu einer einzigartigen Mischung.

Geologisch gesehen herrschen im Norden Urgesteinsböden vor, weiter südlich überwiegen mittelschwere Lehmböden, die an manchen Stellen einen hohen Eisengehalt aufweisen. Der größte Teil der Weingärten steht auf lockeren, meist schluffigen, aber auch sandigen oder kiesigen See- und Flussablagerungen des Steirischen Beckens, das gegen Osten ins Pannonische Becken übergeht. Im nördlichen und mittleren Teil des Weinbaugebiets, am Südabhang der Günser Berge und im Raum Hannersdorf, Königsberg, Eisenberg und Csaterberg wurzeln die Reben auf unterschiedlichen Festgesteinen des Erdmittelalters und des Erdaltertums. Darunter sind Kalkphyllite, Grünschiefer und Serpentinite. Am Hannersberg und am Königsberg bestehen die Böden aus Festgesteinen wie Dolomit, Kalk- und Tonschiefer.

Garant für Qualität

Ausgehend von der prägnantesten Erhebung der Region, wurden die Weine des Südburgenlands früher als »Eisenberger« bezeichnet, und man dachte dabei an mineralische, erdige Blaufränkisch. Seit dem Jahrgang 2009 werden die Blaufränkisch des Südburgenlands unter der Bezeichnung Eisenberg DAC vermarktet. DAC ist die Abkürzung für »Districtus Austriae Controllatus«, die geschützte Bezeichnung für einen gebietstypischen Qualitätswein. Es darf also nur der Blaufränkisch vom Eisenberg das Label »Eisenberg DAC« tragen.

Charakteristisch für den Eisenberg DAC ist neben seiner mineralischen Würze ein fruchtiges Bukett nach Weichseln (also Sauerkirschen) und Brombeeren. Mit seiner erfrischenden Säure, der Tannin-Note und seiner eleganten Struktur ist dieser edle Wein unter Kennern sehr beliebt. Als Begleiter zu diversen Hauptgerichten schmeckt er am besten, wenn er leicht gekühlt serviert wird. Später geerntete Blaufränkisch oder Weine aus wärmeren Lagen entwickeln Dichte und Kraft von mindestens 13% vol. und benötigen daher auch eine längere Lagerzeit. Sie werden als »Eisenberg DAC Reserve« bezeichnet und reifen in großen oder kleinen Holzfässern, bevor sie im zweiten Jahr nach der Ernte in den Verkauf gelangen.

Wo gute Weine wachsen

Zwischen 280 und 400 Metern Seehöhe gedeiht im Weingebiet Eisenberg das berühmteste Kind der Region: der Blaufränkisch. 46 Winzer haben sich zum Verein Eisenberg DAC zusammengeschlossen. Weil das Burgenland mit seinen vielen unterschiedlichen Volks- und Kulturgruppen aber immer schon eine bunte Mischung war, so versuchen sich zahlreiche Winzer auch in anderen Sorten. Das ist nur zu gut verständlich, schließlich gibt der Boden einiges her, darunter erstklassige Weißweine. Die Umgebungen von Rechnitz im Norden und Moschendorf im Süden sind für ihre fruchtigen und spritzigen Welschrieslinge und Weißburgunder bekannt. Ebenfalls am Csaterberg und entlang der Pinkataler Weinstraße vom Wintener über den Kulmer und Gaaser Weinberg werden in idyllischer Umgebung mit den typischen Kellerstöckln elegante Weine gekeltert.

Apropos Kellerstöckl: Viele der ursprünglich landwirtschaftlich genutzten kleinen Gebäude im Weinberg, die den Winzern früher zur Aufbewahrung ihrer Gerätschaften oder als Aufenthaltsraum dienten, haben eine neue Bestimmung erfahren: Ausgestattet mit modernem Wohnkomfort wurden sie zu feinen Ferienwohnungen umgestaltet.

↗ Zahlreiche alte Kellerstöckl wurden zu Ferienapartments ausgebaut.
← In Hofläden gibt es außer guten Weinen auch regionale Köstlichkeiten.

INFO

AUSFLUG ZUM CSATERBERG

Schöner könnte ein Weingebiet nicht liegen: Ringsum rauscht der alte Hochwald, und auf einer Lichtung, die wie eine grüne Insel wirkt, reihen sich die Weinstöcke schnurgerade aneinander: Der Csaterberg hat nur eine Zufahrt von Kohfidisch aus, auch das ein Grund dafür, dass er als einer der schönsten, »verborgenen« Orte des Landes gilt. Ein Weingebiet ist das 40 Hektar große Areal schon seit dem Mittelalter. Nicht zuletzt deshalb, weil die Beschaffenheit des Bodens ideal ist für fruchtige Weißweine wie Welschriesling, Weißburgunder, Riesling-Sylvaner und Rheinriesling. Wer zum Csaterberg hinaufwandert, kommt an vielen kleinen Weingärten vorbei. Was das Herz jedes Romantikers höherschlagen lässt, sind die alten Kellerstöckl. Dank seiner geologischen Eigenart besitzt der Csaterberg zudem ein reiches Vorkommen an Süßwasseropalen. Das Steinmuseum bei der Vinothek samt Gasthaus gibt darüber Aufschluss.

WEITERE INFORMATIONEN

Traumhaft schöne Aussichten garantiert die Aussichtsplattform »Weinblick« am Südhang des Eisenbergs. Das Geländer besteht aus Glaswänden, das lässt die Aussichtsplattform leicht und schwerelos wirken.
eisenberg.at
weinidylle.at

Der Panoramapunkt »Weinblick« am Südhang des Eisenbergs

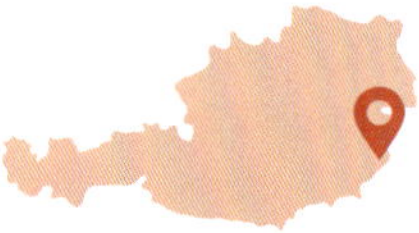

17

BURG GÜSSING – EINE MACHTDEMONSTRATION

DIE ÄLTESTE BURG VON ALLEN

Ein längst erloschener Vulkankegel, der sich steil aus dem Stremtal erhebt, mächtige, von einer nadelfeinen Turmspitze überragte Basteien und Burgruinen, und das alles gespiegelt auf der stillen Wasserfläche der nahen Fischteiche: So romantisch und lieblich präsentiert sich die Burg Güssing ihren Besucherinnen und Besuchern.

Güssing gilt als die älteste Burgenanlage des Burgenlands. Schon in einer Urkunde aus dem Jahr 1157 wird ein Berg namens Quizun erwähnt, den der ungarische König Géza II. einem Grafen Wolfer aus dem steirischen Wildon übertrug. Der neue Besitzer ließ auf dem Vulkankegel eine hölzerne Wehranlage errichten, das *novum castrum*. Ein halbes Jahrhundert später konfiszierte König Béla III. die Holzburg und ließ sie zu einer wehrhaften Steinburg ausbauen. Jetzt war Güssing wie Ödenburg und Lockenhaus Teil des Burgengürtels entlang der ungarischen Westgrenze. Im 16. Jahrhundert geriet die Burg in den Besitz des ungarischen Adeligen Franz Batthyány. Über den romanischen Grundmauern entstanden stattliche Schlossgebäude. Angesichts der wachsenden Gefahr aus dem Osten wurden Festungswerke und die Bastion errichtet, die später einem massiven Türkensturm standhielten.

Um 1700 wurde die Burg noch von den kaiserlichen Truppen als Arsenal genutzt, dann aber verlor sie immer mehr an strategischer Bedeutung. 1777 schließlich entfernte man alle Geschütze. Und als die damalige Dachsteuer die Erhaltung der Burg unerschwinglich machte, gaben sie die Besitzer dem Verfall preis. Bis das Land Burgenland umfassende Restaurierungs- und Wiederaufbauarbeiten durchführte. Seit einigen Jahren kehrt mit Theateraufführungen, Lesungen und Konzerten neues Leben in die Burg ein.

Der Burgrundgang

Besucher können heute in einem modernen Schrägaufzug zur Burg hochschweben. Wer zu Fuß geht, passiert auf dem steilen Burgweg den aus vier Toren und drei ehemaligen Brückenanlagen bestehenden Bastionsgürtel. In dem von Resten der einstigen Befestigung umschlossenen Hof der Vorburg führt eine breite Freitreppe in den Innenhof der Hochburg, zu den direkt aus dem Fels gehauenen meist dreigeschossigen Gebäuden. Der romanische Bergfried erhebt sich zwischen dem Wohn- und dem Kapellentrakt. Ihm wurden im Frühbarock eine Glockenstube und der alles überragende, weithin sichtbare Helm aufgesetzt. In 20 Räumen der Hochburg zeigt das Burgmuseum rund 5000 Exponate. Neben der Ahnengalerie der Familie Batthyány sind alte Waffen, Plastiken und kunstgewerbliche Gegenstände zu sehen, dazu einzigartige Sammlungen von Eisenkunstguss und Zinnfiguren sowie Gemälde der Renaissance und des Barocks. Krönender Abschluss ist der Aufstieg auf den Glockenturm. Von ganz oben aus öffnet sich ein grandioser Ausblick in die pannonische Tiefebene.

INFO

KELLERVIERTEL HEILIGENBRUNN
Ein alter Weinkeller neben dem anderen, 141 insgesamt, und einer schöner als der andere: Das Kellerviertel Heiligenbrunn gilt als einer der reizvollsten Orte des Burgenlands. Viele der aus dem 18. Jahrhundert stammenden Weinkeller, die genau genommen gar keine Keller sind, sondern Holzblockbauten auf gestampftem Lehmboden, haben ein Strohdach. Sie bestehen meist aus einem Depotraum, einer Stube und dem Presshaus mit der oft noch aus dem 17. Jahrhundert stammenden Holzpresse. Liebevoll gepflegt und nach wie vor für die Rieden Stifterberg und Zeinerberg in Verwendung, stellt das Kellerviertel kein Museum dar, sondern ein wahrscheinlich weltweit einzigartiges Ensemble in Privatbesitz.

WEITERE INFORMATIONEN
Heiligenbrunn gilt als die Heimat des Uhudlers. Dieser Direktträgerwein (der – nicht veredelt – auf seinen eigenen Wurzeln wächst) war lange behördlich verboten; erzeugt und mit Leidenschaft getrunken wurde er dennoch – bis heute.
burgguessing.at
kellerviertel-heiligenbrunn.at

↖ Burgenromantik vom Feinsten versprechen die alten Mauern auf dem Vulkankegel.
↑ Wahrscheinlich weltweit einzigartig: das reizende Kellerviertel Heiligenbrunn

Die Bischofsmütze spiegelt sich im kleinen Almsee im Hinterwinkler Tal bei Filzmoos.

DER NORDEN

Oberösterreich und Salzburger Land –
reich an Seen, Wäldern und Bergen

18

SEEKIRCHEN – RUND UM DEN WALLERSEE

EIN FALL FÜR NATURLIEBHABER

»Wenn man mich damals gefragt hätte, wo das Paradies gelegen sei, so hätte ich ohne Zögern geantwortet: in Österreich, sechzehn Kilometer von Salzburg, dicht am Wallersee in Henndorf.« Dieses Zitat von Carl Zuckmayer ist wohl die schönste Liebeserklärung an seine Wahlheimat, den Wallersee in der Salzburger Seenplatte.

Carl Zuckmayer, Schriftsteller von Werken wie »Der Hauptmann von Köpenick«, »Schinderhannes«, »Der blaue Engel« oder »Des Teufels General«, lebte nach der Machtergreifung der Nationalsozialisten in Deutschland bis zum Anschluss Österreichs 1938 gemeinsam mit seiner Frau Alice im Haus Wiesmühl in Henndorf am Wallersee. Die Gegend rund um den Wallersee war besonders in den Jahren von 1850 und 1950 ein Ort der Inspiration für Literaten. Neben Carl Zuckmayer und seiner Frau, der Autorin Alice Herdan-Zuckmayer, schätzten Ödön von Horváth, Thomas Bernhard oder Stefan Zweig die Lage zwischen See und Bergen und der nahen Stadt Salzburg. Und daran hat sich bis heute nichts geändert. Die Landschaft ist unverändert schön, und noch immer kommen Künstler am Wallersee zusammen. Meist im Kulturhaus EmailWerk in Seekirchen, um die Veranstaltungen rund um Musik, Sprache und Literatur zu besuchen.

Uralt und doch ganz neu

Seekirchen ist die größte Gemeinde am Wallersee. Genau genommen ist Seekirchen eine Stadt, eine ganz junge, denn ihr wurde erst 2000 das Stadtrecht verliehen. Dabei war die Gegend bereits vor über 5000 Jahren besiedelt. Der See, ein Überbleibsel aus der Eiszeit, die herausragende Lage vor den Bergen und am Fluss Fischach, der bei Seekirchen den Wallersee verlässt, waren wohl ideale Bedingungen für eine erste Besiedlung. 696 wurde der Flecken erstmals urkundlich erwähnt und gilt seitdem als der am längsten durchgehend besiedelte Ort in Österreich. Interessanterweise liegt der Stadtkern, rund um die Kollegiatskirche St. Petrus, nicht direkt am Seeufer. Zu groß waren über viele Jahrhunderte die Überschwemmungen, die die Fischach mit sich brachte. So ist Seekirchen zweigeteilt. Die Wohnhäuser und einige Geschäfte verteilen sich entlang der Hauptstraße, während man am Seeufer vor allem die Natur genießen kann.

Zwischen dem See und der Stadt erstreckt sich ein kleines Moorgebiet. Direkt am Ufer gibt es einen Campingplatz mit Yachtclub und das große Strandbad. Wobei rund um den See noch zahlreiche andere Badeplätze warten, denn der Wallersee gehört zu den wärmsten Badeseen, da er im Durchschnitt nur 23 Meter tief ist. Am besten erkundet man den See und seine Gemeinden auf dem Fahrrad. Mit einer Länge von gerade einmal 18 Kilometern bleibt auf der Rundtour viel Zeit für eine Erfrischung im Wasser. Außerdem lassen sich so die Naturschutzgebiete oder das Wenger Moor mit seinem Aussichtsturm am einfachsten erreichen.

← Das Wenger Moor erstreckt sich am Nordufer des Wallersees.
↓ Abendstimmung am Mattsee mit der Stiftskirche St. Michael und dem Schloss

INFO

DIE TRUMER SEEN
Während sich im Salzkammergut an den Seen die Touristen aus aller Welt tummeln, bleiben am Wallersee und seinen Nachbarn, den Trumer Seen nördlich von Salzburg, die Einheimischen meist unter sich. Eingebettet in die Hügellandschaft des Alpenvorlands, bestehen die Trumer Seen aus drei Gewässern. Direkt am Ort Mattsee liegt der Mattsee, der durch eine Landzunge mit dem großen Obertrumer See verbunden ist. Nur wenige Gehminuten nördlich davon erstreckt sich der Grabensee mit seinem Moor. Naturschutz und Freizeit halten sich an den Trumer Seen, ebenso wie am Wallersee, die Waage. Dolce Vita an der Strandpromenade und in den Strandbädern sowie ruhige Naturerlebnisse in den Schilfmoorgebieten schließen sich dabei nicht aus.

WEITERE INFORMATIONEN
Tourist-Info: salzburger-seenland.at
Veranstaltungen im Kulturhaus EmailWerk: kunstbox.at
Der Wallersee ist hervorragend mit der Bahn über Salzburg erreichbar, alle Seen liegen nördlich von Salzburg und der Autobahn A1.

19

SALZBURG – ALLES GUTE KOMMT VON OBEN

GEMISCHTE SPEZIALITÄTEN

Legendär sind Salzburger Nockerln, eine luftige, aber kalorienreiche Mehlspeise aus Eischnee, die zu Bergen geformt wird. Die zuckersüßen im Ofen goldgelb gebackenen Gipfel sind das Symbol für die drei Salzburger Stadtberge: Kapuzinerberg, Gaisberg und Mönchsberg, die sich abseits der klassischen Touristenrouten erkunden lassen.

Eine lohnende Wanderung führt über den Mönchsberg, der neben dem Kapuzinerberg als Salzburgs Hausberg gilt. Über den maximal 507 Meter hohen Plateauberg ziehen sich viele kleine und größere Wege, alle ideal, um dem Großstadtrummel zu entfliehen. Als Startplatz bietet sich das Augustiner Bräu Kloster Mülln am nördlichen Altstadtende an. Es ist gut mit öffentlichen Verkehrsmitteln zu erreichen, in der nahen Lindhofstraße steht aber auch ein großer Parkplatz zur Verfügung. Der Weg beginnt neben dem Gastgarten des Augustiner Bräus. Dort führt eine Treppe hinauf zur Augustinergasse. Jetzt folgt man in einem Links-Rechts-Schwenk der kleinen Straße über die Müllner Schanze auf den Mönchsberg. Noch liegt die Stadt nahe. Vorbei an Spielplätzen und den Stadttoren passiert der Weg das feudale Schlosshotel Mönchstein und wird dann langsam ruhiger. Je nachdem, welchen Abzweig man einschlägt, entlang der Hangkante oder mittig über den Hügel, warten echte Überraschungen: entweder das viele Grün der Bäume und der Almwiesen ähnlichen Weideflächen oder die sensationelle Aussicht über die Stadt.

Frühstück mit Beigabe

Das Panorama steigert sich spätestens dann, wenn man das Museum der Moderne neben dem Wasserturm erreicht. Früher lag hier oben am Bergfelsen das legendäre Café Winkler. Heute ist es ein cooles Museum mit einem architektonisch hochinteressanten Bau. Moderne Kunst lohnt immer einen Besuch, und das integrierte Restaurant M32 ist ein zusätzlicher Geheimtipp. Wer früh genug losgeht, erlebt über den Dächern von Salzburg ein traumhaftes Frühstück; das Café hat außer montags durchgehend von 10 bis 23 Uhr (sonntags bis 18 Uhr) geöffnet.

Ganz einsam ist es hier nicht, führt doch der bequeme Mönchsberg-Aufzug zu Museum und Restaurant, deshalb empfehlen sich die Wanderwege über den Mönchsberg zur Fortsetzung der Tour. Hinter der alten Stadtmauer kann man sich links halten und die nächste Einkehrmöglichkeit, die romantische Stadtalm, nutzen. Ansonsten geht es weiter in südlicher Richtung, vorbei an den alten Wehranlagen, einigen Stadttürmen und vielen herrlichen Villen. Man erreicht den »Wasserspiegel«, eine interaktive Ausstellung der Salzburger Trinkwasserspeicher, und ist damit schon auf der Richterhöhe angekommen. Nach dem Freyschlössl geht es nur noch ein Stück bergauf, und schon ist die Feste Hohensalzberg erreicht, von der aus die Festungsbahn in die Altstadt zurückschnurrt.

INFO

DA GEHT NOCH MEHR

Kurz vor der Festung Hohensalzburg lohnen sich zwei Abstecher am Mönchsberg: Am Restaurant Buffet zur Richterhöhe führt ein Weg zur buddhistischen Stupa, die seit etwas mehr als zehn Jahren auf dem Logenplatz gegenüber der Festung steht. In der Höhe vom Museum Wasserspiegel kann man nach Süden abbiegen, um die eigentliche Richterhöhe mit ihrem Aussichtspunkt zu besuchen. Der Blick reicht weit auf Schloss Leopoldskron und den Untersberg. Seinen Namen erhielt der höchste Punkt des Mönchsbergs vom österreichischen Gletscherforscher Eduard Richter, dem hier ein Denkmal gewidmet ist. Wer keine Lust auf die Fahrt mit der Festungsbahn hat, kann die Wanderung über den Mönchsberg fortsetzen und über die Nonnbergstiege zur Kaigasse gelangen. Zu guter Letzt lassen sich auch die anderen zwei Hausberge erobern: Kapuzinerberg und Gaisberg.

WEITERE INFORMATIONEN

Tourist Info: salzburg.info
museumdermoderne.at
stupa-salzburg.at

↖ Die Türme und Kuppeln der Kollegienkirche, des Doms und der Stiftskirche St. Peter
↑ Kaum einer kennt die buddhistische Stupa gegenüber der Festung Hohensalzburg.

Gib uns heute
SATOR
AREPO
TENET
OPERA
ROTAS
Zone

20

HALLEIN – VON KELTEN UND VOM SALZ

DIE STADT DES WEISSEN GOLDES

Im Ortsnamen Hallein versteckt sich die Silbe »Hall«, das keltische Wort für »Salz«. Ein Rohstoff, der von der Jungsteinzeit bis zum Mittelalter praktisch unbezahlbar war. Das weiße Gold verbesserte den Geschmack der Speisen und machte die Vorräte haltbar – ohne Salz müsste man die Besiedlungsgeschichte der Alpen umschreiben.

Hallein liegt gut 15 Kilometer südlich von Salzburg an der Salzach. Auf der westlichen Flussseite ragt der Dürrnberg in den Himmel und bildet die Grenze zum oberbayerischen Berchtesgadener Land. Schon in der Steinzeit schätzten Jäger und Sammler die dortigen reichen Salzvorkommen, die bis an die Erdoberfläche drangen und daher leicht zu »ernten« waren. Doch erst die Kelten forcierten um 600 v. Chr. den Abbau von Salz in der Region. Sie gründeten eine Siedlung auf dem Berg und begannen mit dem Untertagebau. Durch das weiße Gold brachten sie es zu respektablem Wohlstand, wie wertvolle Grabbeilagen bezeugen.

Während der Römerzeit gerieten die Salzvorkommen in Vergessenheit, denn auf den gut ausgebauten Straßen brachten die Römer ihr eigenes Meersalz bedeutend schneller gen Norden, als sie es dort hätten fördern können. Erst im Mittelalter gewann der Abbau wieder an Bedeutung, die Siedlung Hallein entstand am Fuße des salzhaltigen Bergs. Mit der Zeit wurde daraus ein großes Salzbergwerk, das, gefördert unter den Salzburger Erzbischöfen, für den Reichtum der ganzen Gegend sorgte. Dafür wurde das Salz noch im Berg in Wasser gelöst und als Sole ins Tal gepumpt. Die Mischung erhitzte man in großen Sudpfannen, um das Wasser zu verdampfen und dadurch wieder reines Salz zu gewinnen. Eine Abbaumethode, die sich in ihren Grundzügen bis heute nicht verändert hat. Von großem Vorteil war natürlich auch die Lage der Stadt direkt an der Salzach. So ließ sich die wertvolle Ware leicht verschiffen. Das Salzbergwerk Hallein zählt zu den ältesten Bergwerken der Welt, auch wenn die Tradition nach 2500 Jahren ein Ende nahm. Am 31. Juli 1989 wurde die Saline geschlossen und die Soleproduktion auf dem Dürrnberg eingestellt.

← Mit ihren bunten Fensterläden wirken einige der in hellen Farben getünchten Halleiner Häuser fast schon mediterran, hier das Bäckerhaus am Oberen Markt.

Ein Abstecher in die Altstadt

Bis heute entdeckt man die Spuren des Salzhandels an allen Ecken und Enden in der Halleiner Altstadt. Pittoresk mit hübschen Gassen und kleinen Plätzen lädt Hallein zu einem ausgedehnten Bummel ein. Die Stadthäuser sind in zarten Pastellfarben getüncht, Brunnen schmücken die Stadtplätze, und jede Menge Cafés laden zum Verweilen ein. Von der Salzach ausgehend, führen der Untere Markt und die Pfarrgasse zur Stadtpfarrkirche, die den Heiligen Antonius und Hieronymus geweiht ist. Bis 1533 gehörte die Kirche zum Salzburger Stift St. Peter. Das Innere wirkt harmonisch und hell, auch wenn die unterschiedlichsten Baustile Einzug gehalten haben. Nur der Kirchturm von 1965 erscheint wie ein Fremdkörper. Der Originalturm fiel 1945 einem Großbrand zum Opfer. Gleich neben der Kirche findet sich das Stille-Nacht-Museum mit dem Grab des Organisten und

Komponisten Franz Xaver Gruber. Der Musiker des wohl berühmtesten deutschen Weihnachtslieds »Stille Nacht, Heilige Nacht« lebte lange als Stadtpfarrchorregent in Hallein, wo er am 7. Juni 1863 starb.

Salzwelten im ältesten Schaubergwerk

350 Meter höher als Hallein liegt Bad Dürrnberg auf dem berühmten Salzberg. Wo einst das weiße Gold abgebaut wurde, informieren heute die Salzburger Salzwelten – neben Hallstatt und Altaussee eines der bekannten Schaubergwerke Österreichs. Anschaulich und spannend aufbereitet, dreht sich alles um den Salzabbau und seine lange Geschichte. Den Besuch umweht ein Hauch von Abenteuer: Durch die Grubenbahnfahrt ins tiefe Innere der Stollen, eine Bootsfahrt über den unterirdischen Salzsee, Lichtershows sowie zwei lange Bergmannsrutschen haben nicht nur Familien mit Kindern ihren Spaß. Dazu gibt es die Salzwelten-App inklusive virtueller Abenteuerspiele und AR-Funktion. Aber Achtung, das ganze Jahr über herrschen in den Stollen nur an die 10 °C. Also auch im Sommer die Jacken nicht vergessen! Nach der gut einstündigen Führung im Schaubergwerk geht es in das angrenzende Keltendorf Salina. Auf dem ehemaligen Siedlungsplatz sind verschiedene keltische Häuser und ein Grab rekonstruiert, wie in einem Freilichtmuseum. Alte Handwerkstechniken lassen sich dort ausprobieren, und man erfährt, wie die Kelten vor gut 2600 Jahren ihren Alltag gemeistert haben. Gut, den tollen Spielplatz und das Bistro gab es damals natürlich noch nicht …

Der letzte Abstecher führt in die Salzmanufaktur, die im Keltendorf integriert ist. Die riesigen Buchstaben NaCl vor dem Glasbau weisen unübersehbar auf den Inhalt des Hauses hin. Die chemische Verbindung Natriumchlorid ist nichts anderes als Kochsalz. Hier jedoch in bester Qualität, als feinste Bad Ischler Salzkristalle, Gourmetsalze mit einem einzigartigen »Pyramidencrunch«, die in Handarbeit geschöpft werden. Wer jetzt immer noch nicht genug vom weißen Gold hat, besucht den kleinen Kurpark hinter der Wallfartskirche Maria Dürrnberg. In einem Pavillon liegt das frei zugängliche Gradierwerk. Hier kann man kleinste salzige Luftaerosole atmen. Das wirkt gesundheitsfördernd und öffnet die Bronchien. Daneben gibt es Rastbänke, die mit einer fantastischen Aussicht in Richtung Norden über den Untersberg und die Stadt Salzburg zu einer Pause einladen.

Dabei streift der Blick zwei schroffe Felsnadeln, die sich keck und markant am westlichen Hochufer der Salzach erheben. Der Große und Kleine Barmstein sind beliebte Wanderziele, die man gut aus der Stadt Hallein erreichen kann. Zur Zeit des Nationalsozialismus war auf den kleineren Barmstein ein riesiges Hakenkreuz gepinselt – wer genau hinsieht, erkennt noch schemenhaft die Reste. Die Felsspitzen liegen direkt an der Grenze zu Bayern.

↗ Die Kelten deckten ihre Häuser mit Schilf, die rekonstruierten Museumshütten zeigen es.
↖ Seit 2006 steht die Skulptur vom Salzachschiffer am Ufer – jüngst wurde sie restauriert.
← Das Salzbergwerk ist ein stimmungsvoller Veranstaltungsort.

INFO

KELTENMUSEUM UND GOLLINGER WASSERFALL

Im Gebäude der ehemaligen Salinenverwaltung ist in Hallein ein weiteres interessantes Museum untergebracht. Das Keltenmuseum zeigt Exponate aus der Hallstatt- und der Latènezeit, die man bei Ausgrabungen in der Nähe gefunden hat, und erzählt anschaulich über die Salzgewinnung. Übrigens erhält man mit den Eintrittstickets des Keltenmuseum Rabatt in den Salzwelten.
Ein weiterer Insidertipp für Österreich, der gar nichts mit Salz zu tun hat, liegt nur wenige Fahrminuten mit dem Auto entfernt. Südlich von Hallein, am Fuße des Kleinen Gölls, stürzt sich der Gollinger Wasserfall in die Tiefe. Gegen eine geringe Gebühr kann man über die Gollinger Mühle zu den verschiedenen Kaskaden über viele Treppenstufen und Stege nach oben wandern. Besonders im Frühjahr ist der Gollinger Wasserfall durch das Schmelzwasser aus den Bergen imposant und liefert ein beeindruckendes Wasserschauspiel.

WEITERE INFORMATIONEN

Tourist-Info: hallein.com
Kelten.Erlebnis.Berg: salzwelten.at, täglich geöffnet
Keltenmuseum: keltenmuseum.at, täglich bis auf wenige Feiertage 9–17 Uhr geöffnet
Gollinger Wasserfall: zugänglich von Mai bis Oktober, www.golling.info

Wild rauscht der Gollinger Wasserfall.

21

BAD VIGAUN – SALZBURGS NATURBADEWANNE

HEILENDES WASSER

Südlich von Salzburg vereint sich in Bad Vigaun der Gebirgsfluss Taugl mit der Salzach. Die Taugl mit ihren Schluchten und Kiesbänken ist einer der wenigen völlig unverbauten Wildflüsse des Salzburger Landes. Den Rahmen dazu steckt die Natur selbst – sie greift dafür tief in die Schatzkiste, um kleine Wunderwerke zu zaubern.

Bad Vigaun ist ein kleiner Kurort im Salzburger Tennengau. Der Name leitet sich vermutlich von der römischen Siedlung *Vicone* ab. Bad Vigaun ist vor allem durch seine Heiltherme bekannt. Das Thermalwasser der St.-Barbara-Quelle sprudelt mit 34 °C in die Becken der neu gestalteten Therme und lindert Gelenkentzündungen und Muskelerkrankungen. Aber die Kraft des Wassers in Bad Vigaun reicht noch viel weiter. So gibt es entlang der Taugl ein echtes Naturparadies, ideal zum Baden und Wandern. Das Abtauchen in der Taugl verspricht erquickenden Badespaß in glasklarem kalten Bergwasser, also perfekt für heiße Sommertage. Äußerst lohnenswert und gut mit der Erfrischung zu kombinieren ist der Themenweg Lebensader Taugl, der die Besonderheiten des Gebirgsflusses aufzeigt.

Im steten Wandel

Wie abwechslungsreich sich die Flusslandschaft gestaltet, lässt sich am Beginn der Wanderung kaum ermessen. Wer in der Ortsmitte von Bad Vigaun startet, erreicht unweit ihrer Mündung in die Salzach zuerst die sonnigen Kiesbänke des Tauglgrieses. Ein sensibler Naturraum, für den vom 1. April bis 31. Juli ein Betretungsverbot gilt. Im Gries hat der Fluss lange Kiesbänke aus rundgeschliffenen Kalksteinen aufgehäuft und ideale Brutplätze für seltene Vögel wie den Flussregenpfeifer geschaffen.

Die Taugl selbst entspringt am Fuß des Gruberhorns und passiert in ihrem Lauf den Schlenken und den Schmittenstein, die Hausberge von Bad Vigaun. Auf ihrem kurzen Weg von gerade einmal zwölf Kilometern hat sie ein Gefälle von über 900 Höhenmetern. Dabei reißt sie viele Steine aus der Bergflanke des Gruberhorns mit sich. Diese rumpeln auf dem steilen Weg nach unten, stoßen dabei aneinander und werden immer runder. Der Themenweg erklärt dieses Ökosystem Schritt für Schritt. Spielerisch erfährt man einiges über die einzigartige Flora und Fauna, und für Kinder gibt es einen tollen Spielplatz. Im weiteren Verlauf führt der Weg flussaufwärts, bis man die einladenden Badestellen an glatt geschliffenen Felsplatten unweit der rund 400 Jahre alten Römerbrücke erreicht. Hier zwängt sich die Taugl canyongleich durch die Felsen. Die Römerbrücke gilt als die älteste Brücke im Salzburger Land. Dahinter nimmt die Idylle ein jähes Ende. Ein Wasserfall versperrt den Weiterweg. Bis zum Oberlauf mogelt sich die Taugl nun von einer Engstelle zur nächsten durch. Das Bachbett wird immer enger, eine bizarre Welt aus Steinen und Wasser eben – und ein echtes Naturwunder.

INFO

TRATTBERGER PANORAMASTRASSE

Unweit von Bad Vigaun führt eine kleine Mautstraße von St. Koloman hinauf auf den Trattberg. Eine echte Panoramastraße, die einem den ganzen Salzburger Tennengau zu Füßen legt. Über mehrere Serpentinen windet sich die Straße zunächst durch den Wald. Aber an der Enzianhütte, einer urigen Einkehr, ist man dann in der Sonne. Hier kann man das Auto abstellen, um über den Trattberggipfel zur großen Almfläche von Hintertrattberg zu wandern. Gerade im Sommer, wenn die Bergwiesen in voller Blüte stehen, ein unvergessliches Erlebnis! Wer es bequemer mag, kann auch der Mautstraße bis dorthin folgen: Für weniger Gehstarke ist das eine gute Möglichkeit, vom letzten Wanderparkplatz aus das Almenidyll zu besuchen. Unter den zahlreichen kleinen Hütten sind die Wimmeralm und die Christlalm bewirtschaftet.

WEITERE INFORMATIONEN

Tourist-Info: bad-vigaun.at
Wanderweg über knapp 5 Kilometer und 50 Höhenmeter: lebensader-taugl.at
Heiltherme: badvigaun.com

↖ Die Taugl hat sich auf ihren letzten Metern zum Tauglgries eine Klamm geschaffen.
↑ Die weite Almfläche am Trattberg schenkt eine schöne Sicht auf den Tennengau.

22

FILZMOOS – ABSTECHER INS TRAUMTAL

IDYLLISCHE KULISSE

Filzmoos und das Hinterwinkler Tal liegen auf der Südseite des Dachsteins. Eine Mautstraße führt durch das liebliche Tal auf die Hofalm. Die Strecke ist mit 6,5 Kilometern und 300 Höhenmetern kurz genug, um sie zu Fuß zu bewältigen, und ausreichend lang, um einige der schönen Einkehrmöglichkeiten zu testen.

Was macht man, wenn man so wunderschöne und mächtige Gipfel wie die Bischofsmütze und den Dachstein als Nachbarn hat? Wenn die Bergwelt schon derart überragend schön ist, dass sie sich mit nichts mehr toppen lässt? Dann fehlt eigentlich nur noch ein liebreizendes Tal, um das Ensemble abzurunden. Fündig wird man im Hinterwinkler Tal bei Filzmoos. Das kleine versteckte Seitental fügt sich in den landschaftlichen Prunkrahmen bestens ein und ist schlicht und ergreifend ein Traumtal, ein wahrer Sehnsuchtsort.

Es liegt am Rande des Salzburger Landes und kann mit allem aufwarten, was man sich von einem gelungenen Tag in den Bergen wünscht: prächtige Aussichten auf mächtige Felsmassive und Gipfel, dazu weite grüne Almflächen, knorrige Tannen und Lärchen, eine romantische Kapelle, wilde Bergbäche und ein kleiner Almsee, in dem sich die Bischofsmütze spiegelt. Obendrein liegen am Talende auf der Hofalm gleich zwei Almgasthäuser: die Unterhof- und die Oberhofalm. Beide werden seit Jahrhunderten bewirtschaftet, früher ausschließlich für die Sömmerung des Weideviehs. Sobald es wärmer wird und das Gras auf den Almflächen wächst, werden die Kühe zur Sommerfrische aus Filzmoos auf die Alm gebracht. Sie genießen ihre Auszeit in der frischen Luft genauso wie die Wanderer und Ausflüglerinnen.

Verwöhnprogramm am Berg

Wer auf einer Wanderung schon einige Höhenmeter in den Knochen hat, weiß: Es gibt nichts Schöneres, als sich an die von der Sonne gewärmten Holzbalken der Almgasthütten anzulehnen. Mit der wunderschönen Berglandschaft vor Augen und den Kuhglocken im Ohr kommen allerlei Spezialitäten wie Pongauer Kasnocken, gebackene Fleischloaberl oder Spinatknödel aus der salzburgerischen Küche auf den Tisch. Denn obwohl die Oberhofalm urig und einfach aussieht, ist sie ein gut geführtes Gasthaus mit feinen Gerichten. Das Gleiche gilt für die Unterhofalm. Der älteste Teil des Hauses stammt aus dem Jahr 1776. Heute können hier viele Wanderer Platz nehmen. Während die Kühe im Herbst wieder ins Tal ziehen, bietet sich den Menschen heute die Möglichkeit, das Hinterwinkler Tal das ganze Jahr über zu besuchen. Mit Pferdeschlitten geht es gemütlich und entspannt auf die Alm. In dicke Jacken gehüllt ist es wunderschön, durch die verschneite Winterlandschaft des Hinterwinkler Tals zu stapfen, um sich anschließend am offenen Feuer in den Almstuben mit Glühwein oder Jagatee zu wärmen.

← Mit den Lärchen im Herbstkleid zeigt sich das Tal von seiner schönsten Seite.
↓ Selbst im Sommer schmilzt das Gletschereis im Dachsteiner Eispalast nicht.

INFO

RAMSAU UND DER DACHSTEIN

Ein Berg der Superlative mit unzähligen Highlights und Möglichkeiten – das ist der Dachstein im gleichnamigen Massiv. Touristisch bestens durch die Dachsteinseilbahn erschlossen, bietet der Gebirgsstock Bergerlebnisse vom Feinsten. Es muss nicht zwingend der 2995 Meter hohe Gipfel sein, denn der ist nur erfahrenen Bergsteiger vorbehalten. Es gibt genug Alternativen wie den Skywalk, die Hängebrücke oder den Eispalast. Als Ausgangspunkt eignet sich Ramsau, eine langgezogene Gemeinde, die – bereits in der Steiermark – auf einem Hochplateau über dem Ennstal am Fuße des Dachsteins liegt. Am östlichen Ortsrand gibt es noch einen Secret Place, den kaum jemand kennt: die Silberkarklamm mit ihrem wilden Wasser. Es hat sich über Jahrhunderte tief in den Felsen gegraben und lässt sich über Wanderwege oder Klettersteige besuchen. Eine willkommene Erfrischung an heißen Sommertagen! Wer weitergehen möchte, steigt über die Silberkarhütte zum gleichnamigen See auf.

WEITERE INFORMATIONEN

Tourist-Info: filzmoos.at

23

GROSSARLTAL – ZURÜCK ZU DEN WURZELN

WANDERGLÜCK IM TAL DER ALMEN

Das ruhige Großarltal grenzt an den Nationalpark Hohe Tauern und ist vor allem für seine zahlreichen Almen bekannt, die überall in den Bergen verstreut liegen. In kaum einem anderen Tal des Pongaus ist die Dichte an Hütten so groß wie hier. Gipfel und Genuss sind deshalb untrennbar miteinander verbunden, auch aus kulinarischer Sicht.

Das Großarltal liegt westlich des Gasteiner Tals und teilt sich mit ihm die Bergkette zwischen dem Fulseck und dem Gamskarkogel. Dabei ticken die Uhren im Großarltal ganz anders als im mondänen Nebental. In den Gemeinden Großarl und Hüttschlag scheint die Zeit, trotz einiger Liftanlagen, stehengeblieben zu sein. Nicht im Sinne von altmodisch und verstaubt, sondern: sich der Werte besinnend, der Natur und im Bestreben, den Erholungsuchenden gerecht zu werden. Gipfelglück finden, grenzenlose Wanderfreiheit spüren und eintauchen in eine Welt voller Naturwunder – all das bietet das Großarltal. Vor allem erlebt man dort Wandergenuss vom Feinsten, egal, ob hoch hinauf in die Bergwelt der Hohen Tauern oder auf gemütlicheren Alm- und Talwegen.

Fahrt mit Überraschungseffekt

Dabei erweist sich schon die Anfahrt ins Großarltal als spannend. Aus St. Johann im Pongau windet sich die Talstraße zunächst an der Glösenbergkapelle und an Felsen vorbei, in Serpentinen hoch über der dunklen Liechtensteinklamm. Auf seinen letzten Metern hat sich der Großarlbach, der Hauptfluss des Tals, ein tiefes Bett in den Felsen gegraben. Die Straße verläuft mit fast 200 Meter Höhenunterschied oberhalb des Wildwassers.

Doch kaum passiert man den Weiler Egg, öffnet sich das Großarltal plötzlich und wandelt sich zu einem sonnigen und weiten Talkessel mit Almwiesen, Lärchenwäldern und herrlichen Berggipfeln. Der Hauptort Großarl ist schnell erreicht. Hier wartet die Panoramabahn, um ihre Passagiere auf den »Erlebnisberg Grossarl« unterhalb des Kreuzkofels zu schaukeln. Wer Action sucht, wird hier fündig. Mountainbiker erleben auf waghalsigen Single Lanes jede Menge Downhill-Spaß. Dreirädrige Mountain Carts stehen für Familien bereit und sorgen ebenfalls für Nervenkitzel. Dabei legt man einen gut vier Kilometer langen Forstweg von der Bergstation der Panoramabahn Großarltal bis zur Mittelstation zurück und überwindet rund 580 Höhenmeter. Zur Sicherheit mit Schutzhelmen ausgestattet, die man sich ausleihen kann. Daneben gibt es Kinderspielplätze und natürlich jede Menge Almen zum Einkehren. Manche davon lassen sich auf schönen Wanderungen besuchen. So führt der Gamssteig zu den Aigenalmen, einem Almen-Ensemble mit Kapelle unter der Laderdinger Gamskarspitze.

Abseits der Action

Deutlich mehr Ruhe bietet das kleine Ellmautal, das im Dorf Großarl nach Osten abzweigt. Fast am Talschluss findet sich der Parkplatz »Grund« von dem man, ohne jede Lifthilfe, zu einer fantastischen Almenrunde starten kann.

→ Das Dorf Großarl mit seiner spätbarocken Saalkirche vor der Gerstreitalm

Der Weg führt dabei über die Ellmaualm hinauf zum Gründegg-Gipfel auf 2168 Metern. Vorher sind Abstecher zu den kleinen Trögseen möglich.

Die idyllischen Bergseen liegen in Mulden unterhalb des Gipfelkamms. Über diesen geht es dann vom Gipfel in Richtung Süden, um die nächste Alm, die Loosbühelalm, zu erreichen. Im Sommer weiden neben Kühen auch einige Ziegen auf der Alm, und so wird man mit verschiedensten Kuh- und Ziegenkäse-Spezialitäten verwöhnt. Der Loosbüheler Ziegenkäse, eingelegt in Kräuteröl, samt frisch gebackenem Bauernbrot lässt die Geschmacksknospen förmlich explodieren. Damit aber nicht genug: Beim Abstieg liegt auch noch die Weissalm auf dem Weg und macht alle satt, die bis dahin noch nicht eingekehrt sind.

Richtung Talschluss liegt das Dorf Hüttschlag. Es duckt sich unter der Hüttschlager Wand, einer dramatischen Felswand unterhalb des Hundeggs, die berühmt für ihre anspruchsvollen Klettersteige ist. Hüttschlag darf sich mit dem Prädikat »Bergsteigerdorf« schmücken. Eine Auszeichnung, die nur an jene Orte verliehen wird, die sich für den Erhalt der Alpenkonventionen einsetzen und deren oberstes Ziel es ist, ihre Ursprünglichkeit, Tradition und Kultur zu bewahren. Vor allem auch im Hinblick auf Berglandwirtschaft und Bergwaldwirtschaft, Natur- und Landschaftsschutz sowie umweltfreundliche Maßnahmen, deshalb findet man hier auch keine Lifthilfen oder große Hotelanlagen. Dafür ein freundliches Dorf rings um die Josefskirche, in dem noch nicht einmal die Straßen und Gassen einen Namen haben, die sich unterhalb des Kirchleins verteilen. Hüttschlag entstand im 14. und 15. Jahrhundert aus einer Bergwerkssiedlung. In der Mine wurden Kupfer und Schwefel abgebaut. Dafür wurden eine große Kupferschmelzhütte mit fünf Öfen und acht Schwefelöfen sowie die dazugehörigen Aufbereitungsanlagen errichtet. Heute ist, bis auf die grünschimmernde Hüttschlager Wand, vom Abbau nicht mehr viel zu sehen.

Ein See macht sich dünne

Sieben Kilometer hinter Hüttschlag endet die Straße am Talwirt und einem kleinen Freilichtmuseum. Weiter kommt man ab hier nur noch zu Fuß oder mit dem Mountainbike. Das Schödertal markiert die Grenze zwischen den Hohen und den Niederen Tauern. Wieder sind es zahlreiche Almen, die zum Aufstieg locken, aber man kann auch den Kreealm-Wasserfall besuchen. Alternativ vermag die Wanderung über den Ötzlsee zum Schödersee zu begeistern. Der einzige periodische See im Nationalpark Hohe Tauern ist nur nach der Schneeschmelze und nach einer Regenperiode sichtbar. Dann wächst er auf eine beachtliche Größe von mehreren hundert Metern Länge an. Trotzdem versiegt er nach einiger Zeit und verschwindet im Sommer fast gänzlich – nur ein Rinnsal verläuft dann über den Grund des Sees. Wer jedoch nach ergiebigen Niederschlägen kommt, darf sich über einen traumhaften Bergsee freuen, in dem sich die Gipfel der Hohen Tauern spiegeln. Ein echter Geheimtipp!

↗ Beide Täler zweigen unweit von St. Johann ab, das für seinen »Dom im Pongau« bekannt ist.
← Manche der Bergbauernhöfe im Großarltal wurden in extrem steiler Hanglage gebaut.

INFO

INS KLEINARLTAL

Östlich des Großarltals liegt das Kleinarltal. Von Wagrein führt es gerade einmal 20 Kilometer in die Radstädter Tauern. Viele kennen den Beginn des Tals von der großen Skischaukel Flachau-Amadé, die Wagrein, das Kleinarltal und Flachauwinkl miteinander verbindet. Aber am Talschluss gibt es keine Liftanlagen mehr. Dort gehört das Kleinarltal den Einheimischen und Insidern. Berge wie die markante Ennskraxn, der Schober- und der Faulkogel oder der Draugstein rücken näher zusammen und spiegeln sich in einigen stillen Bergseen. Der türkisfarbene Täublwaldteich, der Jägersee oder der höher gelegene und sagenumwobene Tappenkarsee sind traumhaft schöne Ziele. Und weil Wasser immer anziehend wirkt, gibt es obendrauf die Wasserwelt Wagrein: ein Schwimmbad mit großer Saunawelt.

WEITERE INFORMATIONEN

Sowohl das Großarltal wie das Kleinarltal lassen sich gut mit öffentlichen Verkehrsmitteln erreichen. Die Bahn fährt bis St. Johann im Pongau, von dort gibt Busverbindungen in die jeweiligen Täler.
grossarltal.info
Großarl: erlebnisberg-grossarl.at
loosbuehelalm.at
Kleinarltal: wagrain-kleinarl.at
salzburgerland.com
bergsteigerdoerfer.org

Der Tappenkarsee ist für seine Wasserqualität berühmt.

24

BAD GASTEIN – UNTEN MONDÄN, OBEN ACTION

KURSTADT MIT NERVENKITZEL

Schon seit dem Mittelalter wusste man von der heilenden Kraft des Gasteiner Wassers. Trotz der abgeschiedenen Lage im Gasteiner Tal, am Fuße der Hohen Tauern, nahmen einst Fürsten und Adelige aus aller Welt die beschwerliche Reise auf sich, um im frischen Bergklima bei Bäderkuren zu genesen, und das funktioniert noch heute.

Das wundersame Flair längst vergangener Tage und prunkvoller Zeiten prägt bis heute die drei größeren Ortschaften des Gasteiner Tals: Dorfgastein, Bad Hofgastein und Bad Gastein. Besonders Bad Gastein am hinteren Talende mauserte sich im 19. Jahrhundert von einem Bergdorf zu einem mondänen Kurort von internationalem Rang. Bis 1905 reisten die Kurgäste in der Kutsche an. Mit dem Anschluss ans Eisenbahnnetz setzte ein gewaltiger Bauboom ein, und feudale Hotels wie das zehnstöckige Grand Hotel de l'Europe wurden errichtet. Kein Wunder, dass man Bad Gastein auch als »Monaco der Alpen« bezeichnete. Dagegen geht es in Dorfgastein am Talbeginn beschaulich zu. In Bad Hofgastein kann man in der großen Alpentherme am Kurpark, einem Wellnessbad, im mineralisierten Radon-Thermalwasser kuren.

Die Welt von gestern

In Bad Gastein hingegen fühlt man sich in eine andere Welt versetzt. Prachtvolle Hotelbauten, Villen und Schlösschen aus der K.u.K.-Monarchie drängen sich auf engstem Raum. Erbaut entlang der Steilhänge rund um den Wasserfall der Gasteiner Ache, der als Wahrzeichen des Orts gilt. Viele der noblen Grand Hotels standen lange Zeit leer und drohten zu verfallen. Seit einigen Jahren setzt jedoch ein Revival ein, und Bad Gastein befindet sich im Aufwind. Denkmalgeschützte Häuser wie das Hotel Straubinger werden saniert und zu modernen Hotels umgebaut, ohne den Charme der Belle Époque einzubüßen.

Auch außerhalb der gut laufenden Skisaison reisen wieder mehr Urlauber an, um die Annehmlichkeiten der Gasteiner Bergwelt zu genießen. Auf beide Seiten des Tals schwebt man mit Bergbahnen ohne jede Anstrengung in luftige Höhen. Die Graukogelbahn führt auf den gleichnamigen Berg, der ganz unter dem Motto »Zirbenzauber« steht. Ein kurzer Rundwanderweg führt durch lichte Zirbenwälder, vorbei an einer Zirbenschaukel und vielen Ruheoasen mit Zirbenliegen. Mehr Action verheißt der Stubnerkogel. Auf über 2200 Metern Höhe ist die Aussicht grandios. Panoramawege erschließen die Attraktionen, darunter das Gipfelrestaurant Stubner. Parallel zum Gipfelweg gibt es spannende Wegalternativen. Die Stubnerkogel-Hängebrücke, eine 140 Meter lange Konstruktion aus Stahlseilen, verbindet leicht schwingend das Bergrestaurant und die Sendeanlage. Dazu passt der nervenkitzelnde Felsenweg, der zur modern konzipierten Aussichtsloge, dem Glocknerblick, führt. Die freie Sicht auf Österreich höchsten Berg ist natürlich inklusive.

INFO

FLUG ÜBERN WASSERFALL

Für Action im Gasteiner Tal sorgt ein Flying Fox in Bad Gastein, ein Flugerlebnis der besonderen Art. Gesichert durch Kletterseile rauscht man mithilfe eines Seilzugs über den ohrenbetäubenden Wasserfall sowie über den historischen Ortskern. Von Dorfgastein führt die Schlossalmbahn hinauf ins Felsengebiet der Hirsch- und Mauskarspitze. Rund um die Bergstation gibt es jede Menge Kraxlmöglichkeiten auf Klettersteigen, aber selbstverständlich erschließt sich dort auch ein ausgedehntes Bergwandergebiet. Das Gleiche gilt für Dorfgastein, wobei es auf dem Fulseck, dem Hausberg von Dorfgastein, etwas ruhiger zugeht. Hier locken Sinnesparcours, Barfußpfad, Kapellen und Kraftplätze zu geruhsameren Touren in der Natur.

WEITERE INFORMATIONEN

Tourist-Info: gastein.com, gasteinertal.com
Stubnerkogelbahn: skigastein.com
Das gesamte Gasteiner Tal ist hervorragend an das Bahnnetz angeschlossen. Jedes Dorf besitzt einen eigenen Bahnhof. So kann man nachhaltig anreisen und spart sich zudem die lästige Parkplatzsuche.

← Die Aussichtsloge »Talblick« ist einer von drei spektakulären Punkten am Stubnerkogel.
↑ Mächtig rauscht der Wasserfall durch Bad Gastein, direkt darüber führt der Flying Fox.

Die Hängebrücke am Stubnerkogel im Abendlicht, im Hintergrund liegen Großvenediger und viele weitere Gipfel.

25

SCHÄRDING – STADT MIT STERN

BAROCKE PRACHT IM INNVIERTEL

Schärding gibt es zweimal. Zum einen als romantisches Städtchen, zum anderen als Kleinplanet am Firmament. Richard Gierlinger, gebürtiger Schärdinger und Mitglied der Royal Astronomical Society, entdeckte viele Asteroiden, einen davon taufte er auf den Namen seiner Heimatstadt Schärding, der Barockperle am Inn.

Schärding liegt im Innviertel in Oberösterreich. Eine Gegend, die sogar für manch ausgewiesenen Österreichkenner *Terra incognita* ist. Wunderbar sanft geformte Hügel, auf denen sich im Sommer Getreidefelder im Wind wiegen, wo verstreute Bauernhöfe, klitzekleine Wäldchen und Baumgruppen liegen und sich zwischen alldem eine uralte fruchtbare Kulturlandschaft ausbreitet – das ist das Gesicht des Innviertels. Abseits der Touristenströme, eingebettet zwischen Salzach, Donau, Hausruck und Inn, wird die Gegend nur allzu gern übersehen.

Aus historischer Sicht gehört der Landstrich noch gar nicht so lange zu Österreich. Bis 1779 und mit einem Intermezzo von 1809 bis 1814 hatten hier die bayerischen Wittelsbacher das Sagen, bevor das Innviertel, auch Innkreis genannt, wieder an die Habsburger fiel. Das machte die Innviertler bis heute zu einem Volk der Grenzgänger, denn nur die Wasserstraße trennt die beiden Länder.

Gebaut im Inn-Salzach-Stil

Die Flüsse prägten über viele Jahrhunderte das Leben, samt den Traditionen und der Kultur. Als Transportweg verhalfen sie den Städten entlang ihrer Ufer zu enormem Reichtum und Wohlstand. Das zeigt sich unter anderem am besonderen Architekturstil, der sich an Inn und Salzach durchsetzte und der sich in all den großen und kleinen Städten rechts und links des Flusses wiederholt. Egal ob Rattenberg, Rosenheim, Tittmoning, Obernberg, Burghausen, Braunau oder Schärding: Die bayerischen und österreichischen Innenstädte stehen voller bunter Bürgerhäuser, die sich eng aneinanderreihen. Vorgesetzte Scheinfassaden und prachtvolle Ziergiebel täuschen höhere und größere Häuser vor, ein sicher willkommener Nebeneffekt einer Bauweise, die in erster Linie dem Brandschutz diente. Dazu kommen oft Laubengänge und Arkaden entlang der Marktplätze. Hier wurde früher Handel getrieben, die Lauben nutzte man für hochwertige Güter, die vor Regen geschützt werden mussten. Erst als die Eisenbahn den Fluss als Transportmittel ablöste, fielen die Städte in einen Dornröschenschlaf, aus dem sie nach dem Zweiten Weltkrieg nur langsam erwachten.

Schärdings schöne Mitte

Auch in Schärding findet sich Architektur im Inn-Salzach-Stil. Das Herz der Stadt schlägt an der Silberzeile am Oberen Stadtplatz. Ein fast völlig geschlossenes Ensemble an historischen Bürgerhäusern, deren barocke Pracht auf das gute Einkommen ihrer Erbauer und einstigen Besitzer, zumeist Kaufleute, schließen lässt. Sie verdienten ihr Geld mit dem Handel von Salz und Holz. Heute bilden die bunten

← Der Inn ist die Lebensader Schärdings, Fluch und Segen zugleich. Weil die Pegelstände blitzschnell steigen könnten, besteht bis heute Hochwassergefahr.

Häuser die stilvolle Kulisse für eine genussvolle Einkehr in einem der zahlreichen Stadtcafés oder Restaurants. Dazu plätschert der moderne Christophorus-Brunnen, der vom bayerischen Bildhauer Hans Wimmer gestaltet wurde und den Wasserreichtum der Stadt sowie den Schutz für die zahlreichen Reisenden symbolisiert.

Für die Erkundung Schärdings schlendert man vom Linzer Tor über den Stadtplatz und durch die Gassen und landet unten am Wassertor an der Innlände. Von dort blickt man hinüber auf die bayerische Seite, zum prachtvollen Schloss Neuhaus auf der Inninsel, in dem sich heute die Realschule Maria Ward befindet. Seine Anfänge gehen auf das Jahr 1320 zurück. Damals ließ Herzog Heinrich von Bayern einen Turm auf einer Felseninsel im Inn zum Schutz der Schärdinger Brücke errichten. Nach vielen Angriffen, Zerstörungen und Veränderungen zeigt es sich heute ganz im Stil des Barocks, zu dem es 1752 durch Ferdinand von der Wahl zu Aurolzmünster umgebaut worden war. Der Rundgang lässt sich entlang des Inns fortsetzten.

An der Innpromenade wirken die Schärdinger Häuser trutzig und abwehrend. Das sollten sie auch sein, zum einen, um in Kriegszeiten als geschlossene Stadtmauer zu dienen, zum anderen, um dem Inn bei Hochwasser Einhalt zu gebieten. Denn trotz der 24 Staustufen des Inns, die sich ab St. Moritz in der Schweiz bis zur Mündung in die Donau in Passau aneinanderreihen, lässt sich der Fluss nur schwer regulieren. Als Alpenfluss ist sein Einzugsgebiet so groß, dass es bis heute auch bedingt durch den Klimawandel zu verheerenden Überschwemmungen kommt, ungeachtet des aufwändigen Hochwasserschutzes. Wie dramatisch das Wasser anschwellen kann, zeigen die Hochwassermarken an der Stadtmauer. Ein Phänomen, das es zukünftig wohl kaum noch geben wird, sind die Eisstöße. Dann bricht in besonders kalten Wintern die Eisdecke und das darunter strömende Wasser ergießt sich in die Uferstädte. Zuletzt ereignete sich ein Eishochwasser 1830.

Aussichtsloge über dem Inn

Nicht entgehen lassen sollte man sich den Aufstieg in den barocken Schlossgarten unweit der Innbrücke. Die lauschige Anlage mit ihren Barockfiguren, dem Rosengarten und dem Burgbrunnen wurde auf dem ehemaligen Burghof errichtet. Von der Aussichtskanzel hat man den schönsten Blick über den Inn und kann seine Gedanken mit dem Wasser auf Reisen schicken. Wer lieber selbst den Spuren der historischen Salzschiffer folgen möchte, wandert zum Inn zurück und steigt an der Schiffsanlegestelle in eines der Ausflugsboote. Unter ihnen gibt es auch eine nachgebaute historische Plätte. Die Schiffe verkehren von April bis November regelmäßig und fahren durch das Untere Inntal bis zur Donau bei Passau. So lässt sich ganz nebenbei das Innviertel mit vielen weiteren, wenig bekannten Natur- und Kulturschätzen erkunden.

↗ Schloss Neuhaus liegt auf der bayerischen Innseite, gegenüber von Schärding.
↖ Am Nachmittag scheint die Sonne auf die Silberzeile und bringt die Fassaden zum Leuchten.
← Der alte Burgbrunnen im Schlossgarten ist heute nur noch ein Schaustück.

INFO

AUGUSTINER-CHORHERRENSTIFT REICHERSBERG
Südlich von Schärding liegt direkt am Inntal- und Tauernradweg ein ehrwürdiges altes Kloster: Stift Reichersberg gehört den Augustiner-Chorherren, die hier nach der Regel des Heiligen Augustinus leben – »Die Seele ernährt sich von dem, worüber sie sich freut«. Rein optisch präsentiert sich das Stiftsensemble sehr harmonisch. Mit seiner Stiftskirche, dem prächtigen Innenhof und seinen Arkaden, dem Michaelsbrunnen sowie dem Herrengarten gibt es jede Menge zu besichtigen. Gegründet 1084, wurden die Kirche und das Kloster nach einem Brand 1624 völlig zerstört. Der Wiederaufbau erfolgte im barocken Stil. Die Führung gibt nicht nur einen Einblick in das Leben und Wirken der Augustiner-Chorherren, sondern schließt auch den Besuch der Klosterbibliothek mit ein. Von weltlicherer Natur ist der Besuch des Klosterladens oder die Einkehr im gemütlichen Stiftsbräustüberl. Nach Voranmeldung öffnen sich für Gruppen auch die Pforten zur hauseigenen Vinothek. Die klösterlichen Produkte, mit viel Wissen und Sorgfalt gekeltert oder gebrannt, empfehlen sich als ideale Mitbringsel.

WEITERE INFORMATIONEN
innviertel-tourismus.at
Tourist-Info: schaerding.at
stift-reichersberg.at

Über den Innenhof des Augustiner-Chorherrenstifts wacht der Erzengel Michael.

26

KOPFING – AUSSERGEWÖHNLICHE NÄCHTE

ÜBER ALLEN WIPFELN IST RUH'

»Wie man sich bettet, so liegt man« – weiß das Sprichwort. Dabei muss es nicht zwingend ein Luxushotel sein, von denen es in Österreich zahlreiche und wirklich wunderschöne gibt. Manchmal darf die Übernachtung auch einfach vollkommen anders ausfallen: erlebnisreich, ungewöhnlich und mitten in der Natur.

Was gibt es Schöneres als eine Übernachtung unter dem Blätterdach eines Waldes, durch das der Sternenhimmel blinkt? Am nächsten Morgen aufwachen mit Vogelgezwitscher im Ohr und dem frischen Duft des Waldes in der Nase. Sich genauso fühlen, wie einst Robin Hood und seine Gefährten, das ist wirklich etwas Besonderes. Aber statt Sherwood Forest handelt es sich um den Sauwald in Knechtelsdorf bei Kopfing, das macht den kleinen, aber feinen Unterschied. Es gibt auch keinen Sheriff von Nottingham, der die Ruhesuchenden um den Schlaf bringen könnte. Stattdessen ist »Träumen in den Bäumen« angesagt, denn die Stille des Waldes kuriert jeglichen Alltagsstress. Zwölf individuell gestaltete Wipfelnester bieten bequemen Schlafkomfort hoch über dem Waldboden. Vom Romantikzimmer mit freistehender Holzbadewanne und Regendusche über das zweistöckige Waldloft bis zum Familienzimmer »Waldblick« – im Baumhotel findet jeder das passende Quartier für die Nacht.

Über allen Wipfeln

Aber auch ohne Übernachtung ist der Besuch des Baumkronenwegs in Kopfing ein echtes Naturerlebnis. Auf dem Waldwipfelpfad geht es auf einer beeindruckenden Holzkonstruktion hinauf in luftige Höhen. Viele Treppenstufen führen aufwärts in den Gipfelbereich der Bäume und verschaffen eine völlig neue Perspektive. Mitmach-Stationen, Infotafeln, Spielelemente, ein Niederseilgarten und Hängeschaukeln bieten Abwechslung. Es gibt sogar ein Trampolin mitten in den Baumkronen, das mit einigen anderen spielerischen Elementen für Nervenkitzel sorgt.

Höhepunkt ist der hölzerne Erlebnisturm, der 40 Meter über den Waldboden ragt und ein fantastisches Panorama über das Innviertel bis in den Bayerischen Wald bietet. Ein bisschen schwindelfrei muss man für die Aussicht schon sein. Für Kinder stehen ein Abenteuerspielplatz und ein separater Bereich zum Wasserpritscheln bereit. Alles liegt herrlich im Schatten der hohen Fichten und Tannen mitten im Wald. Die superlange Riesenrutsche, wilde Seilschwingen, ein Kletterturm und ein Fuchsbau warten nur darauf, erobert zu werden. Erwachsene haben ihren Spaß im YOUEXIT, einem Escape-Room-Spiel, bei dem man sich durch cleveres Kombinieren aus einem verschlossenen Raum befreien muss. Darüber hinaus gibt es Lamas und Alpakas und ein Labyrinth im Waldmoor. Hunger und Durst vertreibt der Waldgasthof Oachkatzl, in dem auch alle Übernachtungsgäste ihr Frühstück und Abendessen erhalten.

INFO

NATURSCHUTZGEBIET DONAULEITEN UND KLOSTER ENGELSZELL

Etwas nördlich von Kopfing trifft man bei Engelhartszell auf die Donau. Der kleine Ort ist bekannt für das Trappistenkloster Engelszell, das Einzige seiner Art in Österreich. Beheimatet ist es in einem der großen Klosterbauten, die sich wie Perlen an einer Schnur entlang der Donau reihen. Das Kloster wurde 1293 gegründet, die Stiftskirche gilt als ein Meisterstück aus der Zeit des Rokokos. Führungen jeder Länge sind stets verbunden mit einer Kostprobe der im eigenen Haus destillierten Klosterliköre oder einem Trappistenbier. Der Besuch des Klosters lässt sich mit einer einsamen Wanderung am alten Donauhochufer verbinden. Das Nordufer, zu dem eine Fähre übersetzt, ist ein Naturschutzgebiet. An der Hangkante hoch über dem Fluss liegen markante Aussichtspunkte wie der Penzenstein, die einen weiten Blick über das Inn- und das Mühlviertel bieten.

WEITERE INFORMATIONEN

Tourist-Info: oberoesterreich.at
Baumkronenweg: baumkronenweg.at
stift-engelszell.at

↖ Mitten durch die Bäume und hinauf zu den Wipfeln führt der Baumkronenweg.
↑ Kunstbegeisterte kommen in der Trappisten-Abtei Engelszell auf ihre Kosten.

27

FREISTADT – DEM BIER VERPFLICHTET

EINE STADT IST BRAUHAUS

Zwischen der Donau und der tschechischen Grenze liegt die Brauereistadt Freistadt mitten im Herzen des hügeligen Mühlviertels. In der Umgebung gibt es viel Urgestein – harter Granit und Gneis schaffen beste Voraussetzungen für weiches Wasser und damit für gutes Bier. Doch Freistadt hat einiges mehr zu bieten.

Obwohl man in Österreich das deutsche Reinheitsgebot für Bier nie offiziell annahm, ist eines selbstverständlich: Den Gerstensaft braut man auch im Habsburger Reich aus ein paar wenigen Zutaten. Getreu dem Motto »Hopfen und Malz, Gott erhalt's« dürfen Hefe und Wasser nicht fehlen, immerhin besteht Bier zu 90 Prozent aus Wasser. Das ist einer der Gründe, warum sich gerade im Mühlviertel besonders viele Brauereien angesiedelt haben. Hier ist die Wasserqualität einfach vom Feinsten, sowohl als Trinkwasser als auch zum Bierbrauen. Während in anderen Regionen das Wasser zu kalkhaltig für gutes Bier ist, entspringt im Mühlviertel das Wasser aus dem Urgestein Gneis und Granit. Vollkommen weich, sanft und ohne Kalk – ein Paradies für Bierbrauer!

Altstadt en miniature

So ist eben das oberösterreichische Freistadt eine Brauereistadt, aber eine mit einem unverwechselbaren Kennzeichen. Die malerische Stadt auf halbem Weg zwischen Pilsen und Linz lässt sich auch als das Dinkelsbühl von Österreich bezeichnen. Umgeben von einer fast komplett erhaltenen Stadtmauer, bewacht und befestigt mit Türmen und Toren, schirmt sie eine wunderschön intakte, klitzekleine Altstadt von den Neubauvierteln ab. Alle Gassen enden mehr oder weniger am Hauptplatz mit dem Marienbrunnen, dem Rathaus und der Pfarrkirche St. Katharina. Von dort erreicht man über den Schlosshof das ehemalige Schloss mit dem mächtigen Bergfried, in dem heute neben dem Finanzamt auch das Mühlviertler Schlossmuseum untergebracht ist.

Exakt auf der anderen Seite der Altstadt befindet sich das Freistädter Brauhaus mit der Braucommune. Sie gehört nicht etwa einer Firma oder einer einzelnen Familie, sondern sie ist eine Anteilsbrauerei. Daran wäre noch nichts Ungewöhnliches, wenn nicht die Anteile der Brauerei fest mit bestimmten Häusern in der Altstadt verbunden wären. Genau genommen sind es 149 Häuser, deren Besitzern die jährliche Dividende zusteht. Das Ganze aber nur so lange, wie ihnen eines der Häuser gehört. Denn seit 1770 sind die Anteile der Braucommune ausschließlich auf den Häusern festgeschrieben und nicht bei deren Bewohnern. Wird ein Haus verkauft, bleiben die Anteile auf dem Besitz, und die Dividende geht an die neuen Hauseigentümer über. Große Investoren, die den Wunsch hegen, sich die Freistadt-Brauerei einzuverleiben, müssten schon die halbe Altstadt aufkaufen, um an ihr Ziel zu gelangen. So bleibt alles beim Alten und das Bier in der Hand der Commune.

INFO

GRANITFELSEN UND PFERDEEISENBAHN

Die Gegend nördlich von Freistadt ist wald- und hügelreich, ein Traum für Weit- und Fernsichten. Auffällig sind die vielen grau-weiß gefleckten Bauernhäuser, bei denen man vom »Steinbloß-Stil« spricht. Eine ausgeklügelte Architektur und im wahrsten Sinn des Wortes eine steinreiche. Denn an Granitsteinen hat es im Mühlviertel nie gemangelt, sie waren die einfachsten Baumittel, die die ersten Siedler verwenden konnten. Man brauchte sie nur aufzuheben ... Einen weiteren Höhepunkt unweit von Freistadt markiert die Pferdeeisenbahn, die ursprünglich Linz und Budweis miteinander verband. Heute startet man vom Museumsbahnhof in Kerschbaum und lässt sich bei einer Nostalgiefahrt ins frühe 19. Jahrhundert zurückversetzen.

WEITERE INFORMATIONEN

Tourist Info Enns: muehlviertel.at
Freistädter Bier: freistaedter-bier.at
Mühlviertler Schlossmuseum: museum-freistadt.at
Museumsbahn: pferdeeisenbahn.at
Zur Pferdeeisenbahn: Fahrten finden nur von Mai bis Oktober am Sonntag statt.

← Einige der Freistädter Häuser sind direkt an die mittelalterliche Stadtmauer gebaut.
↑ Die typische Mühlviertler Bauweise zeigt sich am Hof von Amesreith.

28

ENNS – DIE ÄLTESTE STADT ÖSTERREICHS

RÖMER UND DER HEILIGE FLORIAN

In ganz Südeuropa zieren Figuren und Bilder des Heiligen Florian Häuser und Kirchen. Unter Feuerwehrleuten gilt er als Schutzpatron, sie nennen sich Floriansjünger. Aber was hat der Heilige mit der Stadt Enns zu tun, die sich mit dem Titel »älteste Stadt Österreichs« schmückt? Ein Blick in die Geschichte gibt Aufschluss.

Tausend Jahre liegen zwischen zwei Stadtgründungen am gleichen Ort, dem Zusammenfluss von Donau und Enns. Im Jahr 212 errichteten die Römer ihre Stadt *Lauriacum* für 6400 Legionäre, Jahrhunderte später entstand auf den Ruinen Enns. Und genau 800 Jahre später, aus dem Jahr 1212, datiert der Nachweis, dass Enns seine Stadtrechte erhielt. Somit gilt sie als älteste Stadt Österreichs. Dabei lässt sich das Rad der Geschichte noch viel weiter zurückdrehen. Schon die Kelten siedelten an der Flussmündung. Sie schätzten die perfekte Lage und die idealen Transportwege auf dem Wasser.

Zurück ins 3. Jahrhundert n. Chr.: Der römische Kaiser Diokletian versuchte mit allen Mitteln, Roms frühere Macht wiederherzustellen. In dieser Zeit lebte bei *Lauriacum* der pensionierte Amtsvorstand Florianus. Er hatte erfahren, dass Kaiser Diokletian Christen verfolgen ließ. Sie sollten dem neuen Glauben abschwören, ansonsten drohte ihnen die Todesstrafe. Florianus, selbst zum Christentum übergetreten, eilte in das Militärlager an der Donau, um den Verhafteten zu helfen. Auch er wurde gefangen genommen und nachdem er seinen Glauben nicht verleugnen wollte, nach ausgiebigen Martern zum Tode verurteilt. Eigentlich wollte man ihn lebendig verbrennen, aber die Soldaten scheuten sich, angesichts seiner Glaubensüberzeugung das Feuerurteil zu vollstrecken. So ertränkten sie ihn schließlich in der Enns. Über seinem Grab entstand später das Stift Sankt Florian, und der Heilige wurde in ganz Südeuropa zum himmlischen Helfer bei Feuergefahr. Auf vielen Hauswänden ist er abgebildet, wie er mit einem Zuber Wasser das auflodernde Feuer eines Hauses erstickt.

Bescheidenes Städtchen

Die Altstadt von Enns entstand, vor Hochwasser geschützt, auf einem Hügel am westlichen Ufer der Enns. Teile der Stadtmauer umschließen noch immer den malerischen Stadtkern. Vom Hauptplatz, der von pastellfarbenen Bürgerhäusern umsäumt ist und von einem mächtigen Stadtturm überragt wird, führen die Straßen und Gassen rechtwinkelig ab; es fällt leicht, sich hier zurechtzufinden. Den besten Blick genießt man von der Spitze des Stadtturms, auf den schweißtreibende 157 Stufen hinaufführen. Danach lohnen die Pause in einem der zahlreichen Cafés, ein Stadtbummel oder der Besuch im Museum Lauriacum. Dort erfährt man deutlich mehr über das römische Lager als am eigentlichen Schauplatz der Geschichte im heutigen Ortsteil Lorch, wo kaum mehr Reste zu finden sind.

← In der Bräuergasse tut sich dieser sanierte Arkadenhof auf; dahinter der Stadtturm.
↓ Albrecht Altdorfers Bild vom Martyrium des Hl. Sebastian hängt im Stift St. Florian.

INFO

DAS STIFT ST. FLORIAN

Südwestlich von Enns liegt das Stift St. Florian, sicherlich kein Geheimtipp, aber trotzdem immer einen Ausflug wert. Das Kloster besteht seit 1071 und gehört seitdem den Augustiner-Chorherren. Seine Ursprünge reichen noch ein Stück weiter bis ins 9. Jahrhundert zurück. Der Überlieferung nach wurde das Stift über dem Grab des Heiligen Florian errichtet. Heute zählt es zu den schönsten Barockklöstern Österreich. Seine Kunstsammlung ist riesig, vor allem die Bibliothek, und die wertvollen gotischen Gemälde von Albrecht Altdorfer auf dem Sebastians-Flügelaltar sind einzigartig.

WEITERE INFORMATIONEN

Tourist Info Enns: enns.at
Stift St. Florian: stift-st-florian.at
Die klassischen Stiftsführungen, bei denen man Bibliothek, Marmorsaal, Stiftsbasilika und die Gruft mit dem Bruckner-Sarkophag besichtigt, finden von Ende April bis Ende Oktober dreimal täglich statt. Um Anmeldung wird gebeten. Die Kirche ist tagsüber immer geöffnet und kann außer zu den Messzeiten besucht werden.

29

CLAM – DIE BURG DER GRAFEN VON CLAM-MARTINIC

LEBENDIGES MITTELALTER

Knapp vor der Grenze zu Niederösterreich überragt die auf einem Granithügel thronende Burg Clam die Donauebene. Die in den Grundmauern immer noch mittelalterliche Burg ist kein idealisiertes Museum, sondern das Zuhause einer Grafenfamilie. Sie bewohnt das Schloss seit 1524. Der Höhepunkt im Jahr: das Clam Rock Festival.

Die ersten schriftlichen Zeugnisse von Burg Clam stammen aus dem 12. Jahrhundert. Erbaut wurde sie von Otto von Machland, dessen Familie weite Ländereien in Nieder- und Oberösterreich sowie in Bayern besaß. Die Vorburg ist ein umfriedetes Areal, über das der hohe Bergfried mit seiner spitzen Turmhaube wacht. Wie auch der Palas, ein mächtiger Bau mit Zinnen, stammt die Vorburg aus der Zeit der ersten Erbauung. In der späten Gotik wurde die Burg erweitert und neben der Burgkapelle ein wunderschöner Arkadenhof mit drei Geschossen errichtet. Bereits um 1640 war eine aufwendige Renovierung nötig, angestoßen vom Burgherrn, dem Freiherrn Johann Gottfried Perger, der später den Titel »von Clam« erhielt. Maßgeblich beteiligt war wohl seine Frau Sibylle Gräfin von Kagenek, die ihm zwölf Kinder schenkte und über ein enormes Vermögen verfügte. Sie wollte es vermutlich etwas heimeliger haben und vergaß dabei nicht, für den Markt Klam eine Kirche zu stiften, während ihr Mann dafür sorgte, dass Klam seine Marktrechte zurückerhielt. Zudem wiesen sie kleine Parzellen für die Bewohner aus, damit diese einen eigenen Gemüseacker bestellen konnten.

Eine uralte Sippe

Seit jener Zeit gehört die Burg dem Adelsgeschlecht der Grafen von Clam, die sich jedoch im Laufe eines halben Jahrtausends in verschiedene Linien teilten. Heute residiert der Zweig der Grafen von Clam-Martinic auf dem Familienbesitz. Die Burg, wenn auch nur ein kleiner Teil, wird ganzjährig von der Familie bewohnt, der heutige Burgherr ist Carl Philip Clam-Martinic. Unter dem Motto »Schlafen beim Grafen« wurden einige Räumlichkeiten zu prunkvollen Gästezimmern umgebaut. Aber auch ohne darin zu nächtigen, kann man die Burg mit Burgapotheke, Waffenkammer oder der Porzellansammlung auf verschiedenen Führungen besichtigen. Es gibt eine Biertour, bei der der selbstgebraute Gerstensaft des Gräflich Clam'schen Burgbräu verkostet wird. Hoch hinauf geht es während der Turmführung mit der Besteigung des 45 Meter hohen Bergfrieds. Einblicke in die privaten Gemächer sowie die Besichtigung der romanischen Kapelle gewährt die »Gotische Fresken-Tour«. Sogar für Kinder gibt es eine spezielle Abenteuer-Führung ins Mittelalter. Aber nicht immer dreht sich alles um die Vergangenheit. Einmal im Jahr wird das Ambiente der Burg Clam zu einer großen Open-Air-Bühne. Dann ist »Clam Rock« angesagt, und statt mittelalterlicher Laute spielen Deep Purple, Rod Stewart, Zucchero, Elton John oder ZZ Top unterhalb des Bergfrieds auf.

INFO

WANDERUNG AUF STRINDBERGS SPUREN

Bei dem Spaziergang zur Burg begibt man sich auf die Spuren des schwedischen Dichters August Strindberg, der zwischen 1893 und 1896 öfter im nahen Ort Saxen unterkam. Dabei lässt sich die Tour mit dem Besuch des Strindberg-Museums verbinden. Der Schriftsteller und Künstler (1849–1912) war kurzzeitig mit der österreichischen Schriftstellerin und Literaturkritikerin Frida Uhl verheiratet. Vom Startplatz im Markt Saxen geht es immer am Klambach entlang. Er führt zur Klamschlucht, die sich auf der Südostseite der Burg in den Granitfelsen gefräst hat. Dramatische Wollsackverwitterungen wie der Rabenstein liegen am Weg, genauso ein Wasserfall und die Hammermühle. Natürlich steht auch einer Einkehr im Klamer Kirchenwirt nichts im Weg, alternativ füllt die Burgschenke im Meierhof erschöpfte Energiereserven wieder auf.

WEITERE INFORMATIONEN

Tourist-Info: donauregion.at
Burg Clam, Besichtigung: burgclam.com
Konzerte auf der Burg: clamlive.at
Strindberg-Museum: strindbergmuseum.at

← Aus dem bewaldeten Hügel ragen die Türme der Burg Clam weithin sichtbar empor.
↑ Die Klamschlucht unterhalb des Rabensteins ist zwei Kilometer lang.

30

ALMTAL – WANDERN MIT DER SONNENUHR

EIN SPIEL DER FARBEN

Die Sonne wandert vom Neuner- über den Zwölfer- zum Einserkogel und lässt den Almsee von kobaltblau bis jadegrün aufleuchten. Wenn sie am Abend hinter dem Großen Woising oder dem Rosskogel verschwindet, zückt sie ihren letzten Trumpf und hüllt die Berggipfel auf der spiegelnden Wasseroberfläche in glühendes Orange.

Der Wandel in der Natur, der Wechsel der Jahreszeiten und das Spiel der Sonne im Laufe eines Tages – das alles lässt sich perfekt in einem kleinen, fast unbekannten Tal, das man auf der Landkarte erst einmal finden muss, nachspüren. Im östlichen Winkel des Salzkammerguts, direkt am Fuße des Toten Gebirges, liegt das einzigartige Almtal mit Grünau, einem idyllischen Bergsteigerdorf. Sein Herzstück ist der grün schillernde Almsee, der zu Füßen der majestätischen Bergkulisse des Toten Gebirges liegt. Seine Ausläufer bilden zugleich den Talschluss. Eine Gipfelkette, die einer Sonnenuhr gleicht: So reihen sich Neuner-, Zehner-, Elfer-, Zwölfer- und Einserkogel aneinander. Wobei der Zwölferkogel mit 2059 Metern Höhe auch den höchsten Sonnenstand anzeigt. So schön, wie sie ihre felsigen Gipfel in Richtung Sonne strecken, so unzugänglich erweisen sie sich für Wanderer: Hinauf führen so gut wie keine Wege, nur Klettersteige bzw. der mit Drahtseilen gesicherte Sepp-Huber-Steig.

Sechs Kilometer reines Vergnügen

So bleibt für Bergwanderer mit normaler Kondition der Almsee, aber der zieht alle Register – gesäumt von Wald und Schilfgras, umgeben von den Bergen. Nur wenige Bauten wie das historische Gasthaus Seehof liegen an seinem Südufer. Es wurde 1652 vom Stift Kremsmünster erbaut und fügt sich fast schon organisch in die Landschaft ein. Etwas südlich des Gasthofs steht am Rand der Almwiese noch das Jagdschloss der Welfen, das Prinz Ernst August von Hannover gehört. Aber es ist privat, kein blaublütiger High-Society-Rummel stört das Idyll.

Auf dem Rundwanderweg von sechs Kilometern Länge kann man auf den Rastbänken die herrliche Ruhe der Bergwelt genießen, stets begleitet vom Glitzern des blau-grünen Wassers. Im Sommer darf man sich zwischen Ende Juni und Anfang September jeden Mittwochabend am Almsee über ein Konzert der ganz besonderen Art freuen. Vier Bläser des Musikvereins Grünau geben am Echoplatz eine Kostprobe ihres Könnens. Einzigartig ist der Dualeffekt ihrer Trompeten und des Echos über dem Wasser. Wer dennoch höher hinauf in die Bergwelt möchte, quartiert sich im Hauptort des Tals, in Grünau, ein. Dorthin zieht es viele Kletterfans, aber es sind auch jede Menge normale Bergtouren unterschiedlichster Schwierigkeitsgrade möglich. Zum Beispiel auf den Hochberg, auf den sogar eine Mautstraße führt. Dort kann man zur Kasbergrunde starten, die über viele Almen zum Spitzplaneck führt.

INFO

TIERISCH WAS LOS – CUMBERLAND WILDPARK
Das Almtal ist eng mit dem bekannten österreichischen Forscher Konrad Lorenz verbunden. Der Nobelpreisträger setzte im Almtal seine Arbeit zur Erforschung des Verhaltens von Graugänsen fort. Die Konrad Lorenz Forschungsstelle (KLF) gehört heute zur Universität Wien und beschäftigt sich vor allem mit der sozialen Kompetenz und Intelligenz von Vögeln, dazu gehören neben den Graugänsen Raben, Dohlen, Krähen und Waldrappen. Der Waldrapp galt bereits als ausgestorben, nur der KLF ist es zu verdanken, dass sich hier im Almtal eine freilebende Kolonie von Waldrappen aus Zoonachzuchten angesiedelt hat. Unweit der Forschungsstelle erstreckt sich der Cumberland Wildpark Grünau. Rund 500 vorwiegend heimische Tiere haben hier ein Zuhause gefunden – vom Adler über Braunbären, von Luchsen über Wölfe bis zu Zwergziegen herrscht eine unglaubliche Vielfalt.

WEITERE INFORMATIONEN
Tourist-Info: traunsee-almtal.salzkammergut.at
Cumberland Wildpark Grünau: wildpark.at
Konrad-Lorenz-Forschungsstelle: klf.univie.ac.at

↖ Der Weg rund um den Almsee ist fast völlig eben und kommt einem Spaziergang gleich.
↑ In freier Wildbahn wird man wohl niemals den scheuen Luchs zu Gesicht bekommen.

31

STODERTAL – AM FUSSE DES PYHRN

SCHIEDERWEIHER UND STEYR-URSPUNG

Wasser ist die Grundlage allen Lebens. In vielen Religionen wird der Ursprung eines Wasserlaufs – die Quelle – verehrt. Dem Wasser huldigen lässt sich auch im hintersten Winkel des Stodertals, wo die Steyr ihren Lauf nimmt. Überdies gibt es dort den Schiederweiher, laut Ranking einer der schönsten Plätze Österreichs.

Den Besuch der Steyr-Quelle kombiniert man am besten mit einer Wanderung durch das Stodertal, das östlich von Windischgarsten von der A9 nach Süden abzweigt. Dafür parkt man das Auto im Hauptort des Tals, in Hinterstoder, und fährt mit dem Bus ans Talende zum Almgasthaus Baumschlagerreith. Es liegt auf einer kleinen Almwiese unter den Ausläufern des Toten Gebirges, einem großen Naturschutzgebiet. Alte und knorrige Bäume wachsen hier, überzogen mit dicken Flechten, die wie graue Bärte an den Ästen hängen. Der beste Indikator dafür, dass die Luft rein und sauber ist. Vom Berggasthaus ist es nicht weit zum ersten Ziel, der Quelle. Dafür folgt man dem Wanderweg im leichten Auf und Ab durch den kühlen Wald.

Man hört die Steyr schon lange, bevor man sie sieht. Dann urplötzlich taucht sie auf, nicht als kleines Bergbächlein, sondern bereits als ausgewachsener Bach. So nah an der Quelle und schon so groß? Das Rätsel lüftet sich wenige Schritte später am Steyr-Ursprung. Aus rund sieben Quellbächen tritt hier von allen Seiten aus dem Berg Wasser aus und rinnt über die Steine zusammen. So macht sich die Steyr bereits nach wenigen Metern als wahrer Quellfluss auf ihren Weg, um am Ende, nach knapp 70 Kilometern, in der Stadt Steyr in die Enns zu fließen.

Feine Flusswanderung

Um all die Schönheiten des Stodertals zu entdecken, folgt man nun dem Flusslauf zu Fuß. Zunächst kehrt man zum Almgasthaus zurück und wählt dann den Wanderweg 209, der als Streckenwanderung fast immer entlang der Steyr zurück bis Hinterstoder führt. Rund elf Kilometer misst die Strecke. Höhepunkte am Weg sind die einsame Kapelle unweit des großen Dietlguts und natürlich der sensationelle Schiederweiher, der zu den schönsten Gebirgsseen Österreichs zählt. Er wird von der Krummen Steyr gespeist. Auf seiner glatten Oberfläche spiegeln sich die markanten Gipfel des Großen Priels und der 2446 Meter hohen Spitzmauer. Im frühen Morgenlicht bei aufgehender Sonne ein zauberhaftes Naturschauspiel, das auf jede To-do-Liste für Fotofans gehört. Das einzige Manko: So früh fährt noch kein Bus durchs Tal. Deshalb unternimmt man dann die Wanderung entlang der Steyr in umgekehrter Richtung. Das ist nicht weiter tragisch, denn obwohl der Weg flussaufwärts führt, sind bis zum Talschluss gerade einmal 200 Höhenmeter zurückzulegen. Das stellt selbst Menschen ohne große Wanderlust nicht vor bedeutende Herausforderungen.

← Das Wasser der Steyr benetzt sanft die Steine, und dickes Moos kann sich bilden.
↓ Hinter dem Schafkogelsee auf den Hutterer Böden liegt das Tote Gebirge.

INFO

WEITERE BERGSEEN AM HÖSSKOGEL

Von Hinterstoder aus schwebt die Hössbahn hinauf auf die Hochebene Hutterer Böden, zu der übrigens auch eine Mautstraße führt. Unterhalb des Hössgipfels liegt der wunderbare Schafkogelsee, in dem sich der Große und der Kleine Priel und das Tote Gebirge spiegeln. Man kann sich kaum sattsehen an der gigantischen Kulisse, die mit steigender Höhe immer wieder neue Bergpanoramen bietet. Zwei Aussichtsplattformen liegen am Weg, wo Schilder sämtliche sichtbaren Berggipfel erläutern, auch am höchsten Punkt der Runde, dem 1980 Meter hohen Schafkögel. Wer zur Abwechslung ein wenig Kulturprogramm wünscht, besucht das Alpineum in Hinterstoder. In dem ultramodernen Glashaus wird die Geschichte des Tals historisch und gleichzeitig interaktiv präsentiert. Der Eintritt ist für Besitzer der Pyhrn-Priel-Gästekarte kostenlos.

WEITERE INFORMATIONEN

urlaubsregion-pyhrn-priel.at
baumschlagerreith.at
Hinterstoder Hössbahn: skisport.com, auch Winterbetrieb

Die Johanneskapelle in Pürgg: Das einsam gelegene Kirchlein birgt einen großen kunsthistorischen Schatz.

DER SÜDEN

Alte Kirchen, neue Burgen, Kräuterorte und Künstlerdörfer – die ganze Palette

32

GRAZ – DIE GEHEIME LIEBE ÖSTERREICHS

DIE STADT, DIE MIT DEM SÜDEN FLIRTET

Graz ist der Ort, an dem sich der Charme des Südens und die Bodenständigkeit des Nordens innig umarmen. Was die Stadt mit einer der größten erhaltenen Altstädte Mitteleuropas darüber hinaus so interessant macht, ist ihr Mut zur Innovation. Als Kulturhauptstadt des Jahres 2003 hob sie regelrecht ab – in Richtung Zukunft.

Geheime Liebe Österreichs, Pensionopolis, beschauliche Universitätsstadt: Die Liste der Beinamen für Graz ist lang. Tatsächlich war in der liebenswerten Mur-Metropole die Welt in Ordnung, solange die Straßenbahnen grün und das Kernöl auf den Käferbohnen dickflüssig waren. Das Forum Stadtpark wurde als Zentrum der deutschsprachigen Literatur gerühmt, und auch sonst drehte sich viel um Kultur. Der »steirische herbst« galt als Paradebeispiel für ein Avantgarde-Festival, die »Diagonale« als viel beachtete Schau des heimischen Filmschaffens und die »Styriarte« als Garant für Musik höchster Qualität. Das ist zwar bis heute so, verändert hat sich aber trotzdem viel.

Im Jahr 2000 wurde Graz wegen seiner einzigartigen Altstadt in die Liste der UNESCO-Weltkulturerbestätten aufgenommen. Der große Durchbruch kam dann im Jahr 2003 mit der Ernennung zur Kulturhauptstadt Europas. Als solche ist das in enger Umarmung mit dem Süden liegende Graz auch noch eine Beziehung mit der modernen Architektur eingegangen.

Tatsächlich blieb kein Stein auf dem anderen. Der Hauptplatz und die Fußgängerzonen wurden geliftet. Das Mur-Ufer, zu dem früher kein vernünftiger Grazer jemals hinuntergestiegen wäre, wurde zu einer romantischen Promenade. Zu alledem bot Graz internationalen Künstlern die Möglichkeit, ihre Projekte umzusetzen: der New Yorker Kunst-, Design- und Medienstar Vito Acconci gestaltete die Mur-Insel und die britischen Architekten Cook und Fournier das ultra-schrille Kunsthaus. Beide Projekte haben sich seither zwar als wenig alltagstauglich erwiesen, die Grazer haben sich aber an sie gewöhnt.

Die Altstadt: ein Erlebnis

In der verwinkelten, in ihrer historischen Bausubstanz erhaltenen Altstadt gibt es jede Menge zu entdecken. Ausgangspunkt für einen Spaziergang ist der Hauptplatz, dessen eine Seite das mächtige Rathaus bildet und in dessen Mitte Erzherzog Johann, der Steirische Prinz, wacht. Ein paar Schritte sind es zur Sackstraße, dem ältesten Teil von Graz. Hier stehen zahlreiche Bürgerhäuser und Palais mit schmucken Höfen und italienisch angehauchten Arkaden. In Nr. 16 ist das Haus der Geschichte unbedingt sehenswert, es ist Teil des fantastischen Universalmuseums Joanneum. Nebenan, im Haus Nr. 18, wurde der Thronfolger Erzherzog Franz Ferdinand geboren, dessen Ermordung 1914 in Sarajevo zum Ersten Weltkrieg führte.

Über die 260 Stufen des Felsensteigs (weniger Sportliche nehmen den Lift) geht es auf den Schlossberg. Mit jedem

← Vom steilen Felsensteig auf den Schlossberg aus ergeben sich zauberhafte Ausblicke auf die beeindruckende Dachlandschaft der Altstadt.

Schritt wird die Aussicht auf die bezaubernde Dachlandschaft der Altstadt faszinierender. Vom Uhrturm, dem Wahrzeichen von Graz, bietet sich schließlich ein Blick rundum. Verwirrend sind seine Zeiger: die großen zeigen die Stunden und die kleinen die Minuten an.

Vom Uhrturm führt eine Fahrstraße bergab. Vom Karmeliterplatz, dem Ort diverser Events, geht es dann in die Sporgasse. Das 1566 erbaute Palais Saurau verdient einen Blick nach oben: Hier ragt die bemalte Holzfigur eines Türken mit gezücktem Schwert aus einer Luke – zur Erinnerung an die Bedrohung durch die türkischen Reiterscharen. Durch die Hofgasse führt der Spaziergang zum Franziskanerplatz mit der Statue Kaiser Franz II./I. zum Schauspielhaus und zur Alten Universität. Die gegenüberliegende Domkirche ließ Kaiser Friedrich III., der Graz zur Residenzstadt ausbaute, im spätgotischen Stil errichten. Ihr Innenraum hat in all den Jahrhunderten nichts von seiner Feierlichkeit verloren.

Rund um den Dom

Hinter dem Dom führt ein schmales Gässchen zu dem geradezu florentinisch anmutenden Mausoleum Kaiser Ferdinands II., einem Hauptwerk des Manierismus. Sehenswert ist das Landplagenbild an der Südseite des Doms, ein Fresko, das die drei Heimsuchungen Türken, Pest und Heuschrecken darstellt, es ist einer der ganz großen Kunstschätze des Landes. Die Burggasse bergab und dann durch die dunkle, romantische Abraham-a-Sancta-Clara-Gasse geht es weiter zum Glockenspielplatz. Dort öffnen sich jeden Tag um 11, 15 und 18 Uhr im Giebel des Eckhauses zwei Fenster, und ein holzgeschnitztes Steirerpaar dreht sich im Tanz zu alten Volksweisen.

Vom Färberplatz führen Passagen mit hübschen Innenhöfen zur Herrengasse, zu dem Renaissancebau des Landhauses mit seinen prachtvollen Arkadengängen, Sitz des steirischen Landtags. Das Zeughaus nebenan hat seinen ursprünglichen Charakter als mittelalterlicher Magazinbau mit Balkendecken, Holztäfelung und Originalbeleuchtung bewahrt. Es ist eines der ganz wenigen unversehrt erhaltenen Rüsthäuser der Welt, mit Waffenbeständen des 16. und 17. Jahrhunderts – Harnische, Helme, Blank-, Stangen- und Feuerwaffen, insgesamt 29 000 Stück. Weiter Richtung Mur stehen um den Kapaunplatz historische Häuser dicht gedrängt. Die Marktstände, die kleinen Läden und Lokale, das alles wirkt, als sei die Zeit stehen geblieben. Diesen Eindruck vermitteln auch die Franziskanerkirche und die kleine Jakobskapelle, ein Juwel der Gotik. Und das reizende, enge Franziskanergässchen scheint überhaupt wie mit liebevoller Hand aus Süditalien hierher versetzt.

Wer nach dem Spaziergang eine Rast einlegen will, hat die Qual der Wahl: Die vielen Cafés und Lokale der Altstadt machen Graz zu einem riesigen Schanigarten, zur Genuss-Hauptstadt Österreichs und zu einer in jeder Hinsicht »offenen Stadt« mit mediterranem Flair.

↗ Einer der vielen von Arkaden gesäumten Innenhöfe – hier am Kaufhaus Kastner & Öhler
← Ehrwürdig blickt das Wahrzeichen, der 28 Meter hohe Uhrturm, auf die Stadt hinunter.

INFO

DIE WENDELTREPPE

In der Grazer Burg, dem Sitz des steirischen Landeshauptmanns und der Landesregierung, wartet ein besonderes Baujuwel darauf, entdeckt zu werden. Wer gegenüber vom Grazer Dom den Burghof durchquert – und dabei den seitlich eingemauerten jüdischen Grabstein aus dem Jahr 1386 beachtet – gelangt in dem viergeschossigen Treppenhausturm des Maximiliantrakts zur gotischen Doppelwendeltreppe, die zunächst wie eine optische Täuschung anmutet. Die Zwillingswendeltreppe, von den Grazern auch liebevoll Busserltreppe genannt, besteht aus zwei gegenläufigen Treppen, die auf jedem Stockwerk kurz verschmelzen, sich trennen und wieder zusammenkommen. Eine gewagte Konstruktion, nicht zuletzt dazu angetan, ihren Besuchern Spaß zu bereiten.

WEITERE INFORMATIONEN

Im zweiten Burghof ist die Steirische Ehrengalerie zu sehen, zwölf Marmorbüsten berühmter steirischer Söhne und Töchter, darunter der Architekt Johann Bernhard Fischer von Erlach, der Schriftsteller und Dichter Peter Rosegger und Anna Plochl, die Ehefrau von Erzherzog Johann.
graz.at
graztourismus.at
museum-joanneum.at
murinselgraz.at

Für Besucher ein Spaß: die gotische »Busserltreppe«

33

HOCHGRAIL – WO DIE »RABIATPERLE« ZU HAUSE IST

BEZAUBERNDES SCHILCHERLAND

Nahezu senkrecht abfallende Steilhänge, darauf die schnurgeraden Reihen der Rebstöcke, und oben am Bergrücken Häuser, Kellerstöckl und Buschenschänken, alle aufgefädelt wie auf einer Perlenkette: Der Hochgrail im Herzen der Weststeiermark ist fast zu schön, um wahr zu sein. Eine Tour durch liebliche Hügellandschaften.

Der Rosé schimmert verführerisch im Glas. Zwiebelschalenfarben sagen die einen, lachsfarben die anderen. Der erste Schluck hält allerdings nicht, was die wunderschöne Farbe verspricht: Der »rosarote Essig« ist so sauer, dass man sich erst nach dem zweiten Schluck in ihn verliebt – dann aber umso heftiger. Die Weststeiermark ist die Heimat des Schilchers, der Spezialität des steirischen Weinbaus schlechthin. Der eigenwillige Spitzenwein kommt in keinem anderen Land der Erde vor, er darf auch nirgends sonst kultiviert werden. Das rührt daher, dass die Blaue Wildbacher-Rebe, aus der er gekeltert wird, zur Entfaltung ihres unvergleichlichen Buketts die Gneis- und Schieferböden der weststeirischen Koralpe-Ausläufer braucht. Dem Schilcher wird eine besondere Wirkung auf das Gemüt nachgesagt. Ihr verdankt er den Namen »Rabiatperle«. Ungeachtet dessen hat er sich zu einem Modewein entwickelt, der auch international in der gehobenen Gastronomie gefragt ist.

Kilometerlange Häuserzeile

Das hügelige Schilcherland rund um das liebliche Stainz ist für sich schon eine der reizvollsten Landschaften Österreichs. Der Hochgrail aber setzt darauf das Sahnehäubchen. Ein Bergrücken oberhalb der steil aufsteigenden Weinberge, der auf einer Länge von eineinhalb Kilometern von malerischen Winzerhäusern, Kellerstöckln und Buschenschänken gesäumt wird – der längsten geschlossenen Häuserzeile der Steiermark übrigens. Eine Straße führt von Niedergrail durch Hochgrail den Ort hinauf bis nach Greisdorf. Hier gilt es, langsam zu fahren – oder, noch besser – zu wandern, denn immer weiter öffnen sich wundervolle Blicke über die weststeirische Hügellandschaft bis zum Grazer Bergland.

Zur Einkehr oder zur Rast empfehlen sich unterwegs die Winzer und Buschenschänken. Sie sind nicht nur die Quelle des steirischen Weins, sie liefern dafür auch die nötige solide Unterlage, bevorzugt in Form der Brettljause. Auf einem Holzbrettchen werden Scheiben von kaltem G'selchten, Kübelfleisch (eingelegtem Schweinefleisch), Krainer, Schinken und Speck serviert, garniert mit *Verhackertem* (ein Brotaufstrich mit Speck), Käse, Essiggurkerln und frischgeriebenem Kren (Meerrettich). In besonderen Glücksfällen steht auch Käferbohnen- oder Ochsenmaulsalat mit Zwiebeln und Kernöl zur Auswahl (Käferbohnen sind Feuerbohnen), dazu selbstgebackenes Brot. Für die Liebhaber von Süßem gibt es frische, fetttriefende Krapfen oder ausgebackene Strauben. Ein kräftiger Obstler rundet die Jause ab.

INFO

DER SCHÖNSTE KLAPOTETZ

Sie sind aus dem steirischen Weinland nicht wegzudenken, die hohen, hölzernen Ungeheuer, die aus einem Windrad mit Welle und Schlägeln bestehen und im Herbst, zur Zeit der Traubenreife, dazu dienen, die Vögel von den Weingärten fernzuhalten. Der Name der großen Vogelscheuchen stammt aus dem Slowenischen: *klopótec*, zu deutsch »Klapper«. Gebaut mit Schlagwerk, Schlagbrett und Windfahne, erreichen die windradähnlichen Gebilde eine Höhe von acht Metern. Einen der schönsten und größten Klapotetze besitzt das Weingut Hiden am Hochgrail. Auch die Umgebung des Buschenschanks ist ein Traum: Er steht direkt am Wanderweg auf dem wohl herrlichsten Aussichtspunkt des Hochgrails – ein idealer Ort für ein Picknick. Alle dafür nötigen Zutaten packt man im Weingut Hiden in den Korb: Jause (auch vegetarisch), Mehlspeise, Saft, Wasser und Wein.

WEITERE INFORMATIONEN

schilcherland.at
steirische-spezialitaeten.at
weingut-hiden.at

↖ So imposant kann eine Vogelscheuche sein: der große Klapotetz von Hochgrail.
↑ In urigen Buschenschänken dieser Art schmeckt die Jause besonders gut!

34

FROHNLEITEN – DAS STEIRISCHE ROTHENBURG

STÄDTCHEN MIT BESONDEREM FLAIR

Oben auf der Terrasse über dem begrünten Felsabhang scharen sich die bunten, historischen Gebäude um die große Kirche, unten fließt die Mur gemächlich dahin. Frohnleiten ist eine Stadt wie aus dem Bilderbuch. Eine reiche noch dazu, denn sie hat es im wahrsten Sinn des Wortes geschafft, aus Dreck Gold zu machen.

Frohnleiten beeindruckt schon von Weitem. Wer auf der Schnellstraße Graz–Bruck Richtung Norden fährt, bemerkt auf halbem Weg ein auffallend schmuckes Städtchen, dessen bunte Häusersilhouette sich über eine Schlinge der Mur erhebt. Gegründet wurde der heute rund 6500 Einwohner zählende Ort schon um das Jahr 1280, als die Grafen von Pfannberg eine Mur-Brücke errichteten. Diese Brücke erwies sich als goldrichtige Investition, die Mauteinnahmen bescherten ersten Wohlstand. Dass die Wirtschaft auch in den folgenden Jahrhunderten floriert haben muss, beweist das Ortsbild: Um den langgestreckten rechteckigen Marktplatz reihen sich stattliche Bürgerhäuser, viele von ihnen mit zum Mur-Ufer hin gebauter Fassade.

Beim Spaziergang durch die Stadt lässt es sich in aller Gemütlichkeit vorbei an kleinen Läden, Gastgärten und Lokalen zu den wenigen Sehenswürdigkeiten schlendern: dem Servitenkloster mit seinem reizenden Klostergarten, zur Pfarrkirche, der früheren Kirche des Klosters, zur Mariensäule und dem Tratschweiberbrunnen. Der verkehrsberuhigte Marktplatz ist aber nicht nur eine liebenswerte Miniatur-Flaniermeile, er wird im Sommer auch für Konzerte und Theateraufführungen genutzt.

Junge Kunst im Narrenkastl

Bevor man die Stadt durch das Leobener Tor verlässt und noch Reste der alten Stadtmauern entdeckt, empfiehlt es sich, ins Narrenkastl zu schauen – eine Vitrine in der Passage des Hauses Hauptplatz 24, in der wechselnde Künstler ihre Werke ausstellen. So setzt die Stadt ein starkes Zeichen dafür, auch junger, zeitgenössischer Kunst Stimme und Raum zu geben.

Der Eindruck, dass das Städtchen so schmuck und wohlhabend wirkt, täuscht nicht. Frohnleiten ist eine der reichsten Gemeinden des Landes. Das hat damit zu tun, dass die Stadt schon früh das nahm, was andere loswerden wollten: Abfall. Das Müll-Märchen begann mit einem Misthaufen im Wald, einer Müllgrube in einem abgelegenen Waldkessel, aus dem sich im Laufe der Zeit die modernste Müll-Deponie Österreichs auf dem optimalen Stand der Umwelttechnik entwickelte. Den Frohnleitnern erging es dabei wie König Midas: Ihnen wurde alles zu Gold. Lange kursierte das Gerücht, Frohnleiten hätte so viel Geld, dass es sich sogar leisten könne, im Winter den Hauptplatz zu beheizen. Das stimmt nicht. Es gibt lediglich einen beheizten Abgang vom Hauptplatz. Aber auch das ist ein kleines Stück Luxus.

INFO

IM MITTELPUNKT: DIE MUR
Mehr als ein Geheimtipp ist ein Spaziergang durch den Volkshauspark am linken Mur-Ufer mit Blick auf die faszinierende Mur-Front der malerischen Altstadt von Frohnleiten. Die gekonnt geplante, bezaubernde Anlage mit Blumen, Sträuchern, Bäumen, Teichen und idyllischen Plätzchen fasziniert zu jeder Jahreszeit. Sie trug wesentlich dazu bei, dass Frohnleiten vor einigen Jahren das Prädikat »Schönste Blumenstadt Europas« der Entente Florale verliehen bekam. Wer den Fußgängersteg über die Mur überquert, kann das rechte Mur-Ufer mit Blick auf die Parkanlage bis zur Mur-Brücke entlanggehen, so wird der Spaziergang zu einem reizvollen Rundgang.

WEITERE INFORMATIONEN
Das Restaurant Volkshauspark ist schon allein wegen des großen Gastgartens und der Mur-Terrasse mit Blick auf Frohnleiten einen Besuch wert. Auch die Auswahl der Speisen und die tollen Eisbecher überzeugen!
frohnleiten.com
volkshauspark.at
almenland.at

← Ein regelrechtes Schmuckkästchen: der wunderschöne Hauptplatz von Frohnleiten
↑ Vom jenseitigen Ufer der Mur aus präsentiert sich das Städtchen besonders hübsch.

35

STIFT VORAU – EIN PALAST GOTTES

HIMMLISCH SCHÖN

Eingebettet in die reizvolle Landschaft des steirischen Joglands, erhebt sich das mächtige Stift Vorau: kein düsteres, geheimnisvolles Labyrinth, sondern ein lichter Palast prachtvoller barocker Zurschaustellung, ein Tempel des Wissens, ein mächtiges Zentrum des Gebets und bis heute eine Kultstätte für Bibliophile.

Wer sich bisher gefragt hat, warum dieser Teil Österreichs die »grüne Steiermark« heißt, findet hier die Erklärung: Südlich des Wechselgebiets erstrecken sich nahezu unendliche Wiesen und Hügelketten vor mittelhohen Bergen, gefärbt in den unterschiedlichsten Grün-Schattierungen. Und auf einem dieser breit ausladenden Hügel ruht das Stift Vorau. Groß und mächtig, uralt und Respekt einflößend. Gegründet wurde das Stift im Jahr 1163 vom Traungauer Markgraf Ottokar III. Er beauftragte Augustiner-Chorherren damit, ein religiöses Zentrum für Bildung und Kultur zu schaffen. Das ist es bis heute geblieben. Geändert hat sich nur seine Form. Die Klosteranlage wurde im 17. und 18. Jahrhundert umgebaut, seither präsentiert sie sich als einheitlicher Barockbau.

An die Zeiten, in denen sich das Stift noch zu schützen und zu verteidigen hatte, erinnern die Wehrmauer, Reste des Wassergrabens und 15 Türme. Auch die Lindenallee stammt aus diesen Jahren, sie wurde bereits 1309 urkundlich erwähnt. Sobald man das fallgitterbewehrte Portal des Torturms passiert, öffnet sich der Blick über den einladenden, einen Hektar großen Stiftshof auf die über 100 Meter breite, um 1735 mit dezentem Stuck verzierte Vorderfront des eigentlichen Klostergebäudes mit den etwas zurückversetzten Kirchtürmen in der Mitte.

Gruseliger Höllensturz

Die Vorauer Stiftskirche gilt als eine der glanzvollsten Barockkirchen des Landes. Nicht zu Unrecht, denn die mächtige, an beiden Seiten von Kapellen umgebene Halle fasziniert durch verschwenderische Fresken, vergoldete Holzskulpturen und die prunkvolle Ausstattung des Hochaltars. Als künstlerisch besonders wertvoll gilt die Sakristei. Dort zeigt der »Höllensturz« von Johann Cyriak Hackhofer, wie Geiz, Unzucht, Maßlosigkeit, Hochmut, Trunksucht oder Verleumdung die Menschen ins Höllenfeuer stürzen.

Wie Admont oder Rein, die beiden anderen großen Stifte der Steiermark, besitzt auch Stift Vorau eine prachtvolle Bibliothek. Sie beherbergt 20 000 Bücher, zwei Globen aus dem Jahr 1688, eine Doppelwendeltreppe und Sprechmuscheln, über die man sich flüsternd verständigen kann. Das absolute Highlight aber ist die Vorauer Volksbibel, eine Handschrift aus dem Jahr 1467, die 2018 in die Liste des UNESCO-Kulturerbes aufgenommen wurde. Mit 559 kolorierten Miniaturen auf 460 Papierblättern zählt sie zu den am reichsten bebilderten Schriften ihrer Art.

← Die prachtvolle Stiftsbibliothek beherbergt mehr als 20 000 wertvolle Bücher.
↓ In der Umgebung der Abtei warten Geheimnisse der Erde darauf, entdeckt zu werden.

INFO

DER LOCHSTEINWEG

Besucher von Vorau kommen nicht nur dem Himmel sehr nah, sondern auch den tiefen Geheimnissen der Erde. Rund um das Stift gibt es über 860 Felsgänge, Erdställe, unterirdische Steinanlagen, Lochsteine und Höhlen. Manche klein und eng, andere groß genug, um darin bequem stehen zu können. Viele von ihnen sind rund 10 000 Jahre alt. Über ihren Zweck kann nur gerätselt werden. Möglich, dass sie als Versteck vor Räubern oder als Bergwerke dienten, denkbar aber auch, dass sie geheime Anbetungsstätten waren oder Verstecke von Heiden.
Im Stift zeigt ein Ausstellungsraum im Waldlturm archäologische Funde. Zu zahlreichen Lochsteinen, faszinierenden Menhiren, führt ein beschilderter Rundweg. Er beginnt beim Mostgut Kuchlbauer in Riegersbach und dauert ca. 50 Minuten.

WEITERE INFORMATIONEN

Einige der Höhlen, Gänge und Erdställe können im Rahmen von »Subterra«-Führungen besucht werden. Startpunkt ist die Pforte des Stifts Vorau. Eine Anmeldung ist erforderlich (Tel. +43 3337/23 51).
stift-vorau.at

36

KLÄFFERQUELLE – GRANDIOSES SCHAUSPIEL DER NATUR

QUELL DER FREUDE

Die Kläfferquelle im Salzatal zeigt Jahr für Jahr im Frühling ihre geheimen Qualitäten. Als eine der größten Trinkwasserquellen Europas garantiert sie seit mehr als hundert Jahren die Wasserversorgung der Hauptstadt. Sie ist der Grund dafür, dass aus den Wiener Wasserhähnen stets reines und frisches Quellwasser sprudelt.

Sobald im Frühling die Sonne auch im obersteirischen Bergland an Kraft gewinnt und die Schneemengen des Hochschwabs zum Schmelzen bringt, bahnt sich im Salzatal ein Naturspektakel gigantischen Ausmaßes an: Rund 14 Kilometer von Wildalpen entfernt öffnen sich an einer Nordflanke des Gebirgsmassivs auf einer Länge von 300 Metern sämtliche Schleusen, und die Kläfferquelle beginnt zu sprudeln, und zwar mit unvorstellbarer Kraft. Pro Sekunde ergießen sich bis zu 10 000 Liter reinsten Wassers aus dem mächtigen Berg, pro Tag bis zu 860 Millionen Liter! Es bildet Wasserfälle oder strömt schäumend und brausend über Felsen und bemooste Steine zu Tal.

Der Hochschwab: ein riesiger Schwamm

Möglich macht dies das 590 Quadratkilometer große Hochschwabmassiv, auf das jährlich enorme Regenmengen niedergehen. So trutzig der Gebirgsstock von außen wirkt, so porös ist er in seinem Inneren. Er ist von unzähligen Schächten, Klüften und Höhlen durchsetzt. Durch Dolinen und Spalten dringen die Massen des Regen- und Schmelzwassers ins Innere des Bergs ein und bahnen sich ihren Weg in einem Gefäßsystem aus unterirdischen Wasseradern und Seen. Eilig hat es das Wasser, das auf seiner weiten Reise durch Fels und Schotter gereinigt und mit Mineralstoffen und Spurenelementen angereichert wird, nicht. Bis es wieder an die Oberfläche tritt, vergehen zwei bis vier Jahre.

Als sich Ende des 19. Jahrhunderts herausstellte, dass die I. Hochquellenleitung mit Wasser von Rax und Schneeberg nicht ausreichte, um den Durst der Großstadt Wien zu stillen, nahm Bürgermeister Lueger den Bau der II. Hochquellenleitung in Angriff. Dafür sollten Quellen des Salzatals, allen voran die Kläfferquelle, genutzt werden. Die feierliche Grundsteinlegung in Wildalpen erfolgte am 11. August 1900. Bei strömendem Regen – so konnten die Honoratioren das steirische Wasser innerlich und äußerlich kennenlernen. Was folgte, waren zehn Jahre intensivster Bautätigkeit. Mit dem Bau der 192 Kilometer langen Wasserleitung waren 10 000 Arbeiter beschäftigt. Sie schufen 74 Kilometer Kanalleitungen, 77 Kilometer Stollenleitungen, 100 Aquädukte und 19 Düker, das sind auf dem Gesetz der kommunizierenden Gefäße basierende Rohrsiphone zur Über- oder Unterquerung von Flüssen und Tälern. Auch heute fließen in dem Jahrhundertwerk dieser Leitung allein aus der Kläfferquelle täglich bis zu 217 Millionen Liter Wasser nach Wien – und versorgen die Großstadt mit frischem und sauberem Wasser, um das sie die ganze Welt beneidet.

INFO

MUSEUMSREIFES WASSER

In Wildalpen gibt das Museum HochQuellenWasser Einblick in die Geschichte und die historische Entwicklung der Wiener Wasserwerke. Das Museum wurde 1985, zum 75-jährigen Jubiläum der Inbetriebnahme der II. Hochquellenleitung, eröffnet. In mehreren Gebäuden und insgesamt zehn Schauräumen werden Originaldokumente und großformatige Fotos gezeigt, dazu gibt es Informationen zu Geologie und Hydrogeologie des Hochschwabmassivs. Zu sehen sind auch historische Gerätschaften, Sanitärprodukte und eine Dokumentation des Baus sowie der Funktionsweise der Wasserleitung.

WEITERE INFORMATIONEN

Wildalpen ist ein beliebtes Zentrum für Wassersport. Besonders Freunde des Raftings finden von dort aus auf der Salza auf einer Länge von fast 60 Kilometern ideale Bedingungen. Kajak-, Kanadier- und SUP-Kurse komplettieren das Angebot.
wildalpen.gv.at
steiermark.com
steirischemuseen.at
wildwasserzentrum.naturfreunde.at

↖ Der Brunnsee in dem Gebiet, aus dem Wien sein quellfrisches Wasser bezieht
↑ Hochinteressant: das umfangreiche Museum HochQuellenWasser in Wildalpen

37

ERZBERG – AUS ARBEIT WIRD ABENTEUER

EIN BERG GIBT ALLES

Die Stufen des Erzbergs, die alten Hochöfen und Radwerke und die schroffen Felsen der Eisenerzer Alpen: Im Herzen der Steiermark führen Industrie und Natur eine eiserne Ehe, und das schon seit Hunderten von Jahren. In letzter Zeit entwickelt sich der »eherne Brotlaib« der Steiermark überdies auch zur touristischen Attraktion.

Eisen auf immerdar, das war es, was der Sage nach der Wassermann, der im Leopoldsteinersee gefangen worden war, für seine Freilassung gelobte. Er hat Wort gehalten. Über Jahrhunderte lieferte der Erzberg Eisenerz und ernährte die Region. Das trug ihm den Namen »der eherne Brotlaib der Steiermark« ein. Der erste große Aufschwung kam mit Erzherzog Johann. Er hatte 1815 in England die fortschrittliche Eisenindustrie studiert und nutzte seine Erkenntnisse, um den Gruben- und Tagbau zu modernisieren. Seine Stufen erhielt der 1465 Meter hohe, vom Gipfelkreuz Erzherzog Johanns bekrönte Erzberg, erst im 20. Jahrhundert. Die 1970er-Jahre waren seine Blütezeit. Damals wurden pro Jahr bis zu 3,7 Millionen Tonnen Erz gewonnen. Heute sind es immerhin noch zwei Millionen Tonnen.

Tägliche Sprengungen

Derzeit arbeiten am Erzberg noch 250 Menschen, 120 sind mit der Erzproduktion beschäftigt. Sie gewinnen mit modernsten technischen Geräten die Hälfte der Erzmenge, an der sich vor rund 20 Jahren noch 2000 Bergmänner abgerackert haben. Auf den 22 »in Verhieb« stehenden Etagen des Bergs explodieren täglich Sprengungen, allesamt elektrisch ausgelöst. Sobald sich die Staubwolke gesetzt hat, kippen Radlader den »Verhau«, das Gesteinsmaterial, auf Lastwagen, die zusammen mit ihrer Fracht auf das unglaubliche Gewicht von 200 Tonnen kommen. Der Verhau wird in die Brecheranlage gebracht und dort zerkleinert. Später wird das Erz in langsam rotierenden Separationstrommeln, in die Schwereflüssigkeit eingeleitet wird, vom tauben Gestein getrennt. Sobald es dann in der Klassierung nach Korngrößen sortiert ist, wird es auf Waggons verladen, und ab geht die Post zu den Hochöfen in Linz und Donawitz.

Der Erzberg wurde in den letzten Jahren immer stärker zu einer touristischen Attraktion, Besucher erleben das »Abenteuer Erzberg« von Mai bis Oktober in zwei Schwerpunkten. Zum einen fahren sie mit Jacke und Helm »bergmännisch« gekleidet in den Berg ein. Die schmalspurige Bahn »Katl« bringt sie in das Schaubergwerk unter Tage, in dem Werkzeuge und Maschinen vor Augen führen, wie der Bergbau im Laufe der Jahrhunderte betrieben wurde. Dort ist zudem die Wassermannsage eindrucksvoll dargestellt. Schwerpunkt Nummer zwei ist die Fahrt hinauf zu den Stufen des Erzbergs im »Hauly«. Tausende Besucher kommen auch zu sportlichen Ereignissen, zu den Motorradrennen »Erzberg-Rodeo« und zu Mountainbike- und Nordic-Walk-Bewerben.

INFO

DIE RIESEN-TAXIS

Hauly I und Hauly II, die beiden adaptierten Lastwagen der Marke Haulpak, die früher für den Erztransport verwendet wurden, gelten jetzt mit ihren 860 PS als die größten Taxis der Welt. Schon allein der Einstieg ist ein Erlebnis. Die drei Meter hohe Ladefläche, die zur Aussichtsplattform umgestaltet wurde, lässt sich nur über eine Treppe erreichen. Die beiden Riesen bringen die Besucher in einer einstündigen Fahrt entlang der Etagen des Erzbergs zum Erzabbau ober Tage und gewähren Einblick in den Arbeitsalltag der Bergleute.

WEITERE INFORMATIONEN

Eisenerz, die historisch gewachsene Stadt am Fuße des Erzbergs, besitzt eine sehenswerte Altstadt, in der das Flair vergangener Zeiten noch deutlich spürbar ist. Von der Vergangenheit der Eisenindustrie erzählt das Hochofenmuseum Radwerk IV in Vordernberg. Der einzig erhaltene Holzkohlen-Hochofen Österreichs steht schon seit 1928 unter Denkmalschutz.
abenteuer-erzberg.at
radwerk-vordernberg.at

← Der einstige Brotlaib der Steiermark ist heute Austragungsort von Sportereignissen.
↑ Hauly I und Hauly II bringen die Besucher hinauf zu den Etagen des Erzabbaus.

Der Erzberg lieferte über Jahrhunderte wertvolles Eisenerz und brachte der gesamten Region dadurch Wohlstand.

38

PÜRGG – VOM KRIEG DER KATZEN UND MÄUSE

COMIC AN KIRCHENMAUERN

Pürgg ist ein Dorf, ein wenig verschlafen, aber bewacht von den schroffen Flanken des Gebirgsstocks Grimming. Der Ort allein ist schon eine Reise wert. Allem voran wegen der Johanneskapelle mit ihren romanischen Fresken aus dem 12. Jahrhundert. Sie sind vermutlich die ältesten im Alpenraum, ganz bestimmt aber die interessantesten.

Die romantischen alten Häuser, die verwinkelten Gässchen und der spitze Kirchturm, der sich weiß von den steilen Flanken des Grimmings abhebt: Pürgg ist ein liebenswerter kleiner Ort im steirischen Ennstal. Ein Dorf, in dem die Zeit stehen geblieben zu sein scheint, in dem das Leben einen Takt langsamer verläuft als überall sonst. Und doch: Gerade dieses kleine Nest besitzt eine Sensation ersten Ranges. Nicht nur für Kunsthistoriker.

Etwas außerhalb steht auf einem Hügel ein Kirchlein, die Johanneskapelle. Irgendwann um das Jahr 1120 war sie wahrscheinlich Teil einer frühmittelalterlichen Burg. Als diese aufgegeben wurde, blieb die Kapelle stehen, diente später als Gedächtniskapelle und als Kalvarienberg-Station. Sie wurde über die Jahrhunderte auch gepflegt, zumindest so weit, als dass sie im Inneren fein säuberlich gestrichen wurde – weiß, das wirkte so sauber.

Das Mittelalter lässt grüßen

Um das Jahr 1870 tauchten bei Renovierungsarbeiten unter dem weißen Anstrich plötzlich mittelalterliche Fresken auf. Den wahren Wert erkannten Fachleute erst in jüngster Zeit. Ihre fachgerechte Restaurierung gab dem kleinen Gotteshaus seine ruhige Würde und Hoheit zurück. Jetzt ist es ein Ort, an dem Besucher das Hier und Jetzt vergessen und sich in ein mittelalterliches Stundenbuch versenken können.

Die Seitenwände der Kapelle sind in drei Zonen gegliedert, die unterste ziert ein gemalter Vorhang. Der mittlere Hauptstreifen zeigt auf der linken Seite die wunderbare Brotvermehrung und rechts Szenen der Geburt Christi. In der obersten Zone sind einander die törichten und die klugen Jungfrauen gegenübergestellt. Chor und Gebetsraum trennt ein Triumphbogen, neben dem Kain und Abel dargestellt sind. Den Bogen schmückt ein Band aus Arabesken und dem mehrfach wiederholten Wort »Allah« in altarabischer Schrift – ein deutlicher Verweis auf orientalische, byzantinische Künstler. Die Ecken des Chorgewölbes zieren Evangelisten-Symbole, die Mitte Christus als Lamm Gottes. Am interessantesten, weil ungewöhnlichsten in einem sakralen Bauwerk, sind die profanen Fresken am westlichen Ende der Kapelle. Aus der Erzählwelt des Fabeldichters Äsop stammend, stellen sie den »Kampf der Mäuse gegen die Katzen« dar. Wer den Sieg davontragen wird, ist nicht ersichtlich, der Hintergrund der Fabel ist aber der Sieg des Schwächeren über den Stärkeren. Dieser ungleiche Kampf war eine beliebte Metapher für die »verkehrte Welt«.

← Die kleine Johanneskapelle am Fuß des Grimmings: ein wahres Kleinod
↓ Die Tauplitz auf 1650 Metern Höhe ist zu jeder Jahreszeit ein ideales Urlaubsgebiet.

INFO

DER GANZJAHRESBERG

Die im Ausseerland auf einer Höhe von 1650 Metern gelegene Tauplitz gilt als das höchste Seenhochplateau in Mitteleuropa. Ein ideales Urlaubsgebiet ist sie überdies, und zwar zu jeder Jahreszeit. Im Winter lässt sie mit jeder Menge Schnee, 43 Pistenkilometern auf drei Bergen und einem optimalen Freeride-Gelände das Herz aller Wintersportler höherschlagen. Im Sommer punktet sie mit zahlreichen Wander- und Spazierwegen. Sechs Seen reihen sich entlang der von Almwiesen gesäumten Wanderrouten aneinander, einer schöner als der andere. Und von überall ergeben sich herrliche Ausblicke auf die Bergriesen ringsum, den 2351 Meter hohen Grimming, das vergletscherte Dachsteinmassiv, die schroffen Berghänge des Toten Gebirges und die Gipfel der Niederen Tauern.

WEITERE INFORMATIONEN

Die Johanneskapelle ist Mo–So von 8 bis 17 Uhr geöffnet. Führungen bietet Alois Perl an,
Tel. +43 664/515 11 08
stainach-puergg.gv.at
dietauplitz.com

39

BENEDIKTINERABTEI SECKAU – EIN KLOSTER FÜR DEN GRAFEN

DER ZWEITE VERSUCH

Im Mittelalter war es üblich, dass betuchte Adelige ein Kloster stifteten. Es sollte ihnen einen Platz im Himmelreich sichern, denn die Mönche waren verpflichtet, für das Seelenheil ihres Stifters zu beten. Der schlecht beleumundete Graf Adalram von Waldeck fand erst im zweiten Anlauf den idealen Platz – Seckau.

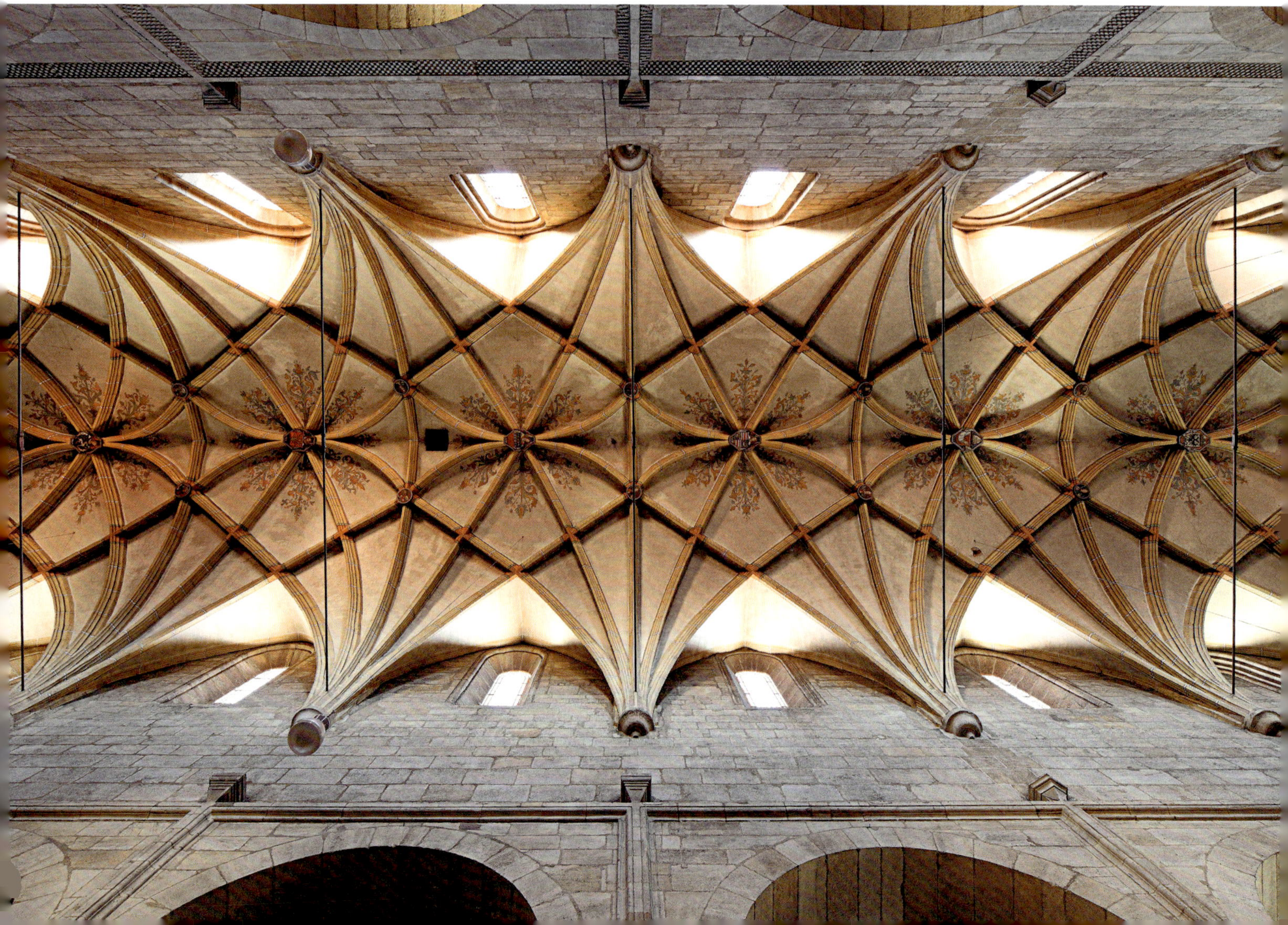

Graf Adalrams erste Klostergründung, nicht weit entfernt vom heutigen Kloster Seckau, scheiterte kläglich. Die Mönche waren über diesen Ort nicht glücklich. Sie beschwerten sich über den unerträglichen Lärm der Hammermühlen, überdies seien sie von Räubern bedroht worden. Kurzum: Sie wollten nicht bleiben. Adalram musste sein Kloster verlegen. Wohin, das soll ihm die Muttergottes selbst gezeigt haben. Als er bei einer Jagd ermüdet rastete, sah er Maria im Halbschlaf vorbeischweben. Dabei vernahm er deutlich die Aufforderung, hier zu roden, um Platz für ein Kloster zu schaffen. Adalram, der wegen einiger Vergehen, die man als nicht gerade ritterlich bezeichnen würde, um sein Seelenheil fürchtete, nahm den göttlichen Wink nur zu gerne an und hatte den Platz für sein Kloster gefunden. Es wurde Seckau genannt, und bis heute leben und beten in seinen Mauern Mönche.

Der Dom im Gebirge

Die Marienerscheinung geschah in den Jahren nach 1140. In das neue Kloster zogen Augustiner-Chorherren ein, denen es in knapp 20 Jahren gelang, zumindest die Klosterkirche und die wichtigsten Teile des Klosters aufzubauen. Die Kirche wurde 1164 von Bischof Hartmann von Brixen eingeweiht. Etwa 50 Jahre später richtete der Salzburger Erzbischof in Seckau ein eigenes Bistum ein. Damit wurde die neu geweihte Klosterkirche zu einer Kathedrale, bis heute spricht man vom »Dom im Gebirge«. In der Epoche der Renaissance und des Barocks erlebte die Abtei ihre Blütezeit. Das Ende kam 1782, als das Kloster von Kaiser Joseph II. im Rahmen seiner Reformen aufgelöst wurde. Die Bauten verfielen, erst 1883 zogen wieder Mönche, jetzt Benediktiner, in die Klostermauern ein.

Wer aus dem Mur-Tal nach Seckau fährt, trifft auf den großen grünen Zellenplatz mit seiner Mariensäule. Von dort blickt man auf die Westfront des Klosters. Der gut 140 Meter lange Bau erinnert mit Schießscharten und der Wehrmauer eher an eine Burg als an ein Kloster. Dahinter öffnet sich der malerische Stiftshof mit seinen Arkaden und der Abteikirche Mariä Himmelfahrt, die von zwei Türmen flankiert wird. Ein romanisches Portal führt ins Innere der Kirche. Die Kreuzigungsgruppe am Chor aus der Zeit um 1200 zieht sofort den Blick auf sich. Im linken Seitenschiff ist ein frühbarockes Mausoleum eingerichtet, das an den Habsburger Erzherzog Karl II. erinnert, der zusammen mit seiner Gattin Maria Anna von Bayern in der Gruft unter dem Mausoleum seine letzte Ruhe gefunden hat.

INFO

ZEIT FÜR GENUSS

Nach all der Kultur sollte man sich auch den Gaumenfreuden hingeben, und wo könnte das besser gelingen, als bei einem ehrwürdigen österreichischen Zuckerbäcker. Der befindet sich mitten in Seckau in Gestalt der Konditorei Regner. Beste Backtradition seit mehr als 350 Jahren, und das auch ohne ein K.u.K.-Gütesiegel. In vierter Generation rührt hier die Familie Regner den Schneebesen. Die Konditorei ist bekannt für ihre feinen Kuchen- und Tortenkreationen, darunter die Regner-Torte mit Schokoboden und Himbeer-Joghurtcreme oder die »Top of Styra«-Torte mit Zirben- und Kürbiscreme. Daneben hat sich die Konditorei auf die Lebkuchenherstellung spezialisiert: Darunter sind Klassiker wie Elisenlebkuchen, aber auch Mur-Taler Honiglebkuchen mit Fruchtfüllung, Zirbentrüffel-Lebkuchenstangerl oder die Marillen-Lebkuchenbusserl.

WEITERE INFORMATIONEN

seckau.at
abtei-seckau.at
lebkuchen-regner.at, geöffnet 9–18 Uhr, Ruhetage Montag/Dienstag

← Das Hauptschiff der Klosterkirche kennzeichnet ein Netzrippengewölbe.
↑ Die Spezialität der Konditorei Regner sind die Lebkuchen – auch in Form von Keksen.

40

NEUHAUS BEI BLEIBURG – MUSEUM LIAUNIG

EIN FORUM FÜR DIE KUNST

Über 4000 Werke zeitgenössischer Kunst sind im Museum Liaunig vereint, das zu den umfangreichsten Sammlungen österreichischer Kunst seit dem Zweiten Weltkrieg zählt. Ergänzt wird die Kollektion durch Vertreter der Klassischen Moderne und ausgewählte Arbeiten von internationalen Künstlerinnen und Künstlern.

Mit 13 Jahren begegnete Herbert Liaunig zum ersten Mal der Kunst: »Ich hatte im Internat einen Zimmerkollegen, dessen Onkel als Architekt in den 1920er-Jahren in Berlin gearbeitet hat. In dieser Zeit trug er eine Sammlung von Werken der Brücke-Maler zusammen. Nicht nur Grafik, sondern wirklich hochwertige Bilder. Bei einem Besuch im Haus des Architekten habe ich diese Bilder gesehen – und das war es dann. Ich habe aufgehört, Briefmarken zu sammeln und mich ab dem Zeitpunkt gemeinsam mit meinem Freund mit abendländischer Malerei seit Giotto beschäftigt.« Ein wegweisender Moment also, der Jahrzehnte später im Privatmuseum Liaunig mündete, das heute zu den umfangreichsten Sammlungen österreichischer Kunst ab 1945 zählt.

Um das Jahr 2000 reifte in Herbert Liaunig der Wunsch, seine stetig wachsende Kunstsammlung der interessierten Öffentlichkeit zugänglich zu machen und im Südkärntner Ort Neuhaus/Suha ein Museum zu gründen. Das Wiener Architektenteam querkraft erfüllte mit dem minimalistischen, zum Großteil unterirdisch angelegten Museumsgebäude die Vorgaben des Bauherrn bezüglich der Errichtungs- und Betriebskosten, da sowohl Bau als auch Betrieb des Museums gänzlich aus privaten Mitteln finanziert werden. Nur der langgezogene Ausstellungstrakt, ein White Cube mit Aussichtsterrassen von insgesamt rund 2000 Quadratmetern Fläche, liegt von außen sichtbar zwischen den Hügeln des Hochplateaus. Der Kärntner Kulturjournalist Erwin Hirtenfelder bezeichnete dieses Ensemble zu Recht »als die wahrscheinlich längste Museumspraline der Welt.« Im August 2008 wurde das Museum Liaunig nach einer Bauzeit von nur zehn Monaten eröffnet. In wechselnden Ausstellungen wird die private Sammlung ergänzt durch Werke der Klassischen Moderne sowie exemplarische Arbeiten internationaler Künstler. Als Kontrastprogramm zur zeitgenössischen Kunst verstehen sich die historischen Sammlungen der Familie Liaunig.

Förderer vieler Talente

Die kontinuierlich anwachsende Kollektion deckt mit über 350 vertretenen Künstlern die kunsthistorisch relevanten Entwicklungen der bildenden Kunst in Österreich seit 1945 ab. Neben Malerei und grafischen Arbeiten nimmt die Skulptur einen wichtigen Platz in dem aus mehr als 4000 Arbeiten bestehenden Werkbestand ein. Ausgehend von der Vielfalt der einzelnen Positionen, den unterschiedlichen Zugängen, Einflüssen und Lebensläufen hat es die Karrieren nicht weniger Künstler wesentlich beeinflusst, dass Herbert Liaunig sie als Sammler über Jahrzehnte begleitet hat. So finden sich in der Kollektion auch unabhängige Außenseiter und Einzelgänger, die sich nicht oder nur schwer

→ »Die wohl längste Museumspraline der Welt« finden Interessierte in Südkärnten.

in eine österreichische Tradition eingliedern lassen, sowie vergessene oder verkannte Künstler, die abseits aller Trends und Moden gearbeitet haben.

Ziel des Hauses ist es, ein breites Bild der zeitgenössischen Kunst in Österreich zu vermitteln und sie in einen internationalen Kontext zu stellen. Besonderes Augenmerk liegt auf einer gleichberechtigten Präsentation malerischer, grafischer und skulpturaler Werke. Als Ausstellungsflächen stehen im Museum die Haupthalle mit angrenzendem Grafiktrakt, der Sonderausstellungsraum sowie das Skulpturendepot zur Verfügung. Die Sammlungsschwerpunkte spiegeln sich in den Themen der jährlich wechselnden Hauptausstellungen wider. Das Spektrum reicht von der sich nach dem Zweiten Weltkrieg entwickelnden Avantgarde rund um die Wiener Galerie nächst St. Stephan und die Künstlergruppe »Wirklichkeiten«, über die Vertreter der geometrischen Abstraktion, der Konkreten Kunst und des Minimalismus, des Wiener Aktionismus und der Neuen Malerei bis hin zu figurativen und expressiven Konzepten sowie konkreten und reduktiven Tendenzen von 1980 bis heute. Den seit 2016 in der Sonderausstellungsreihe »Alte Freunde« vorgestellten Künstlern ist Herbert Liaunig seit Beginn seiner Sammlungstätigkeit als Freund und Sammler zugetan.

2016 wurde mit dem weitläufigen Skulpturenpark ein Bereich geschaffen, der es ermöglicht, auch größere Werke permanent zu präsentieren. Bei schönem Wetter lädt der Park zu einem Spaziergang und zur Auseinandersetzung mit den Skulpturen ein, die eine Beziehung zu der sie umgebenden Natur aufnehmen.

Das Gold der Akan

Von Anfang an war geplant, als Kontrapunkt zur zeitgenössischen Kunst auch eine afrikanische Kollektion zu zeigen: Von 2008 bis 2015 bot das »Gold der Akan« rund 600 Schmuck- und Kultobjekte der Königsstämme der Ashanti, Baule und Fante dar. Die von 2016 bis 2018 in diesem Raum präsentierte Sammlung afrikanischer Glasperlenobjekte hat Peter Liaunig, der Sohn von Herbert und Eva Liaunig, in rund 15 Jahren aufgebaut. Seit 2019 wird nun wieder die afrikanische Gold-Sammlung gezeigt. Welchen Stellenwert die Stücke im internationalen Vergleich einnehmen, zeigt der Blick auf die anderen Sammlungsorte für die Kunst und Kultur der Akan-Könige: das British Museum London, das Museum of Fine Arts im texanischen Houston und das Gold of Africa Museum in Kapstadt. Mit der Erweiterung des Museums bot sich 2015 zudem die Möglichkeit, weitere historische Sammlungen der Familie im Rahmen permanenter Dauerausstellungen öffentlich zugänglich zu machen. Mit den vielfältigen Ausstellungs- und Konzertprogrammen im Rahmen der Veranstaltungsreihe »sonusiade« positioniert sich das Museum als lebendiger Ort der Begegnung und des kulturellen Dialogs.

↗ Die großen Hallen des modernen Museums beherbergen Schätze der Gegenwartskunst.
↖ Das 1998 gegründete Wiener Architektenteam querkraft zeichnet für den Bau verantwortlich.
← Die Sammlungspräsentation »Das Gold der Akan« zeigt rund 600 Objekte aus Afrika.

INFO

OBIR-TROPFSTEINHÖHLEN

Es ist eine beeindruckende Reise in eine Welt voller Geheimnisse, eine Tour durch die Obir-Tropfsteinhöhlen nahe Bad Eisenkappel. Schon die Anfahrt entlang der schmalen Bergstraße mit dem Bus zeugt davon, wie beschwerlich es für die damaligen Bergleute gewesen sein muss, zu den Höhlen zu gelangen. Auf einer Länge von rund fünf Kilometern erstrecken sich insgesamt zwölf Höhlen, entdeckt wurde das einzigartige Naturschauspiel im Jahr 1870. Gut zu wissen: Aus sicherheitstechnischen Gründen dürfen Kinder erst ab vier Jahren in die Höhlen. Die keimfreie Luft hat eine konstante Temperatur von 8 °C, also eine warme Jacke nicht vergessen. Insgesamt sollte man drei Stunden für die gesamte Tour einplanen, dabei entfällt die Hälfte der Zeit auf die Begehung des 800 Meter langen Erlebniswegs mit seinen neun multimedialen Stationen. Das Höhlengebiet liegt auf knapp 1100 Metern Höhe – auch draußen sind also beste Ausblicke garantiert.

WEITERE INFORMATIONEN

Die Zufahrt zu den Höhlen ist nicht öffentlich, aus dem Grund startet die Entdeckungsreise mit den Höhlenbussen direkt ab Bad Eisenkappel.
museumliaunig.at
hoehlen.at
bad-eisenkappel.info

1987 wurden die Höhlen für den breiten Tourismus geöffnet.

41

FRIESACH – ERLEBNIS BURGBAU

EINE REISE INS MITTELALTER

In Friesach im nördlichen Kärnten läuft ein einzigartiges Projekt: Handwerker errichten eine Burg ausschließlich mithilfe von mittelalterlichen Werkzeugen und Methoden. Dabei werden alte Techniken wiederentdeckt und Überlieferungen in eine neue Generation getragen. Eine abenteuerliche Zeitreise für die ganze Familie.

Schon von Weitem hört man tagsüber das unermüdliche Hämmern in der Schmiede, das Sägen der Zimmerer und das Klopfen der Steinmetze. Wer das Holzgatter zum Burgbauplatz am idyllischen Stadtrand durchschritten hat, findet sich in einer vollkommen anderen Welt wieder. Einer Welt des Mittelalters, denn in der Kärntner Burgenstadt Friesach wird seit 2009 an einer mittelalterlichen Höhenburg gearbeitet. Ohne Presslufthammer und Betonmischer, sondern rein nach mittelalterlicher Handwerkstradition.

Was für so manche Besucher auf den ersten Blick romantisch klingen mag, ist in Wahrheit echte Knochenarbeit. Um die 32 Mitarbeiter sind auf der 1500 Quadratmeter großen Baustelle beschäftigt. Auf natürliche Materialien wird großen Wert gelegt, sie kommen allesamt aus der Region. So wird das Holz im angrenzenden Wald per Hand geschlagen. Eine kräftige Norikerstute bringt die schweren Holzblöcke dann an den gewünschten Platz. Dort werden die Stämme entrindet und für die jeweilige Weiterverwendung entweder mit dem Breitbeil bearbeitet oder von zwei Männern – dem sogenannten Aufschneider und dem *Obezarer* – mit einer 7,5 Kilogramm schweren Säge zu Pfosten zersägt.

← Ein Projekt, das über einen Zeitraum von fast zwei Generationen wächst: Insgesamt wurden für den Bau der Höhenburganlage um die 40 Jahre veranschlagt.

Die benötigten Steine werden aus einem nahegelegenen Steinbruch angeliefert. Bis zu 300 Kilogramm wiegt so ein Steinbrocken, der anschließend von den Steinmetzen in die richtige Form gebracht wird. »Da spürt man abends schon, dass man etwas getan hat«, sagt einer der Handwerker. Etwa ab dem 11. Jahrhundert gelang es den Steinmetzen dank neuer und besserer Werkzeuge, Werksteine gleicher Höhen und Längen zu produzieren. Pro bearbeitetem Stein wird ein Zeitraum von drei Stunden bis zu einem Tag benötigt – je nach Größe und Beschaffenheit. Beim Zerkleinern ist zudem ein feines Gehör vonnöten, denn ein hohler Ton verheißt nichts Gutes, das Material könnte zerspringen, und die ganze Arbeit wäre mit einem Schlag zunichte. Die hergerichteten Steine werden für den mächtigen Wohnturm am höchsten Punkt des Burgkegels benötigt, welcher nach Fertigstellung aus Keller, Küchengeschoss, Blockstube, Wohn- und Schlafraum sowie Sommergeschoss bestehen wird. Über 20 Meter hoch soll er einmal werden, pro Lage werden an die 200 Steine benötigt.

Bauauftrag ohne Eile

Kein Wunder also, dass man rund 40 Jahre für die Bauzeit der gesamten Anlage veranschlagt. Mit dem Blasebalg wird in der Schmiede kräftig das Feuer geschürt – hier entstehen Werkzeuge, Nägel, Hufeisen und dergleichen mehr. Dabei sollte man den Blick auf das Detail richten, ein Nagel beinhaltet immerhin zwischen 30 und 40 Arbeitsschritte, pro

← Nägel, Hufeisen und dergleichen Hilfsmittel mehr werden in der Schmiede hergestellt.
↙ Die Arbeit der beteiligten Handwerker wird mit Mitteln des Europäischen Sozialfonds gefördert.
↘ Das Becken des Stadtbrunnens ist mit vier bärtigen Gesichtern und dem Stadtwappen verziert.

Jahr werden über 5000 Stück geschmiedet. Der Schmied ist auf der Baustelle ohnehin unentbehrlich. Da er mit Feuer hantiert und das glühende Eisen mit Hammer und Amboss bearbeitet, wurde er im Mittelalter als Zauberer gesehen und gefürchtet. Deshalb mussten Schmiede nach der Ausbildung einen Eid ablegen und schwören, niemals zwielichtige Zauberei zu betreiben.

Feuer und Flamme

Im Kalkbrennofen werden die Kalksteine gebrannt. Der daraus gewonnene Branntkalk, Sand und Wasser werden zu Kalkmörtel gemischt, das richtige Mengenverhältnis bleibt dabei ein Geheimnis. Gemeinsam setzen die Steinmetze und Maurer die fertigen Bausteine dann in ihre Position. Das Mörtelbett wird mit einer Kelle aufgetragen, und die Steine werden mittels Maurerschnur lotsenkrecht sowie waagerecht ausgerichtet und gesetzt. Die Arbeiter sind dem Mittelalter entsprechend in Leinen gewandet, doch ganz ohne moderne Sicherheitsausrüstung geht es dann doch nicht: So werden Lederpatschen durch Sicherheitsschuhe ersetzt, Handschuhe angezogen sowie Gehörschutz und Schutzbrillen aufgesetzt. Das tut der Authentizität jedoch keinen Abbruch.

Während die Burg entsteht, rekonstruiert man zur gleichen Zeit Geschichte und Vergangenheit. Alle Beteiligten sind mit Herzblut bei der Sache, auch wenn das Wetter mal nicht mitspielt oder die Sonne die Arbeiten zu einer schweißtreibenden Angelegenheit macht. Gemeinsam gelingt es, mit diesem Projekt Geschichte, Forschung und Wissensvermittlung zusammenzubringen. Wer bei einer Führung entlang der Anlage spaziert, der sollte sich ein paar Minuten Zeit nehmen, innehalten und einfach den Blick schweifen lassen: Denn an jeder Ecke und bei jedem Handgriff wird man dabei wieder etwas Neues entdecken, das einem das aufwändige, ausgeklügelte Handwerk von damals näherbringt. Stein auf Stein, Schlag um Schlag.

Einfach »spectaculär«

Alle zwei Jahre findet in der Burgenstadt Friesach das Spectaculum statt, eines der schönsten Mittelalterfeste Österreichs. Zwei Tage lang wird dafür alles Moderne aus den Stadtmauern verbannt oder »unsichtbar« gemacht. Statt elektrischem Licht brennen Fackeln und Feuerstellen. Alles, was im Mittelalter den Alltag belebt hat, wird authentisch in Szene gesetzt: Handwerker zeigen ihr Tagewerk, Gaukler ziehen Faxen machend durch die Gassen, muntere Spielleute sorgen mit ihrem Minnesang für Unterhaltung. In den großen Suppenkesseln am Hauptplatz brodeln vorzügliche Speisen, angepriesen wird nur jene Ware, die es um 1300 in Kärnten gab. Kartoffeln, Avocados, Coca-Cola oder Ketchup sucht man vergeblich. Bezahlt wird die Zeche mit dem Friesacher Pfennig, der eigens fürs Spektakel angefertigt wird.

INFO

WENN ES FINSTER WIRD IN FRIESACH

Die älteste Stadt Kärntens hat ihr mittelalterliches Erscheinungsbild bis heute bewahrt: eine intakte Stadtbefestigungsanlage, der einzige noch wasserführende Stadtgraben Österreichs mit 820 Metern Länge, drei Burgen, Kirchen, Klöster und viele Kleinkunstdenkmäler entstanden seit dem 12. Jahrhundert. Bauherren waren die Salzburger Erzbischöfe, die den Ort als ihre Nebenresidenz förderten. Ein unvergessliches Erlebnis ist dabei ein geführter Rundgang durch das nächtliche Friesach: Bei dieser Tour nimmt Austrian-Guide und Historikerin Carmen Heller ihre Gäste mit ins Reich der Dunkelheit und erzählt von Nachtwächtern, Aberglauben, Bränden, Tageliedern und anderen nächtlichen Phänomenen.

WEITERE INFORMATIONEN

Jahr für Jahr finden in den Sommermonaten die Friesacher Burghofspiele auf der Freilichtbühne am Petersberg statt. Ins Leben gerufen hat sie 1950 Hannes Sandler, ein Theaternarr mit Blick für Kulissen. Als »Akropolis von Kärnten« bezeichnete ein früherer Bürgermeister die schöne Bühne. Zwischen Juni und August spielen ambitionierte Laiendarsteller hauptsächlich Komödien der Weltliteratur.
burgbau.at
burghofspiele.com

Als älteste Stadt Kärntens ist Friesach in jeder Hinsicht einen Besuch wert.

42

RUND UM MARIA SAAL – KIRCHENBURG UND HERZOGSTUHL

DIE WIEGE KÄRNTENS

Das Zollfeld ist eine der ältesten Kulturlandschaften Kärntens und markierte einst das kulturelle und politische Zentrum der antiken römischen Provinz Noricum. Über diesem historischen Denkmal thront weithin sichtbar der Maria Saaler Dom aus dem Jahr 1459. Von hier aus wurde Kärnten in karolingischer Zeit christianisiert.

Das Zollfeld nördlich der Landeshauptstadt Klagenfurt darf getrost als die Wiege Kärntens bezeichnet werden. Weit reicht die Geschichte zurück: Im Jahr 45 n. Chr. gründete Kaiser Claudius hier *Virunum,* die Hauptstadt der römischen Provinz *Noricum.* Der Name Kärnten, einst Karantanien, soll sich den Überlieferungen nach von Karnburg ableiten. Weithin sichtbar erhebt sich am östlichen Rande des Zollfelds auf einem 50 Meter hohen Hügel der Dom zu Maria Saal. Die große, zweitürmige Kirche befindet sich inmitten der umfangreichsten Kirchhofbefestigung Kärntens. Die Wallfahrtskirche birgt zahlreiche Kunstwerke aus allen Epochen, von der Antike bis zur Gegenwart und geht auf den Heiligen Modestus zurück. Dieser wurde vom Salzburger Bischof Virgil im 8. Jahrhundert mit mehreren Geistlichen nach Karantanien gesandt, um die Christianisierung der heidnischen Slawen voranzutreiben. Das heutige Erscheinungsbild der Marienkirche ist spätgotisch, dreischiffig, mit drei Chören und einem verkürzten Querhaus. Nach einem Brand 1670 erhielten die zwei neu aufgebauten Türme anstelle der alten Spitzdächer barocke Zwiebelhauben.

Die größte Glocke Kärntens

Für die Erneuerung des Dachs im selben Jahr wurden 121 000 Steinplatten aus den Steinbrüchen Tentschach, Frauenstein und Treffelsdorf verwendet. Von der ursprünglichen karolingischen und romanischen Kirche sind oberirdisch keine Reste erhalten geblieben. Der Dom besitzt das größte Geläut von Kärnten, das sogar in einem Volkslied besungen wird. Es besteht aus der großen »Maria Saalerin« im Nordturm, fünf weiteren Glocken im Südturm und einer Sterbeglocke im Dachreiter über dem Presbyterium.

Die Marienkirche von Maria Saal spielte im Hochmittelalter eine wichtige Rolle in den Zeremonien der Kärntner Herzogeinsetzung. Als Denkmal an diese Zeit erinnert der Herzogstuhl am Zollfeld. Die Wahl des Orts war keine zufällige, denn das gegenüberliegende Karnburg markierte den politischen Mittelpunkt des Landes. Hier leistete der auf dem Fürstenstein in Karnburg eingesetzte Herzog den Ständen den Eid, empfing die Huldigung, sprach Recht und vergab Privilegien und Lehen. Erbaut wurde der Stuhl vermutlich in der zweiten Hälfte des 9. Jahrhunderts. Der Sitz, zum Teil aus antiken Steinstücken aus *Virunum* zusammengefügt, besteht aus zwei Sitzflächen mit gemeinsamer Rückenlehne, dem Herzogsitz im Osten und dem Pfalzgrafensitz im Westen.

INFO

RÖMERSTADT VIRUNUM

Nach der illyrisch-hallstattzeitlichen Besiedelung begann 300 v. Chr. mit der Zuwanderung der Kelten eine neue Kulturepoche. Mittelpunkt der Besiedelung war damals das Klagenfurter Becken mit dem Zollfeld und der befestigten Stadt am Magdalensberg als Zentrum des *Regnum Noricum.* Der florierende Handel mit Salz und Eisen setzte ein intaktes Staatswesen voraus. In der Folge nahm der römische Einfluss zu, 15 v. Chr. wurde *Noricum* von den Römern ohne Widerstand besetzt. Um 45 n. Chr. erfolgte die Umwandlung zur römischen Provinz. Damit verbunden war die Gründung einer neuen Provinzhauptstadt, daher entstand am Zollfeld die Stadt *Virunum*, was das Ende der Entwicklung der urbanen Siedlung am Magdalensberg bedeutete. Die Ausgrabungen dort sowie das Amphitheater Virunum sind noch heute zu besichtigen.

WEITERE INFORMATIONEN

Das Freilichtmuseum Maria Saal beherbergt bäuerliche Hofformen aus verschiedenen Landesteilen.
maria-saal.gv.at
landesmuseum.ktn.gv.at

↖ Die weithin sichtbaren Kirchtürme prägen seit ihrem Wiederaufbau 1675 das Ortsbild.
↑ Die Römerstadt ist eine der größten Ausgrabungsstätten des Ostalpenraums.

43

MIRNOCK – AUSBLICK MIT SEE

RÄTSELHAFTER WELTENBERG

Rund um den zweitgrößten See Kärntens, den Millstätter See, findet sich eine Vielzahl an besonderen Aussichtsplätzen, um innezuhalten, Ruhe zu finden und um das herrliche Seepanorama zu genießen. Aber nur einer dieser Punkte ist wirklich magisch und liegt direkt am Fuß des sagenumwobenen Weltenbergs Mirnock.

Der Mirnock. 2110 Meter hoch ragt er gen Himmel. Als Teil der Nockberge reicht der Blick von seinem Gipfelkreuz über die Karawanken und Julischen Alpen im Süden bis hin zu den Hohen Tauern im Norden, dazwischen liegen – wie eingebettet – Kärntens malerische Seentäler. Viele Mythen und Geschichten ranken sich um diesen Kraftplatz. So soll dort ein Riese gelebt haben, der aus verschmähter Liebe einen Fels ins Tal schleuderte, womit der heutige Brennsee und der Afritzersee entstanden sind. Einst sollen sie eine große Wasserfläche gebildet haben, die der Felswurf teilte. Die Lages des Mirnock bringt weitere Besonderheiten mit sich. Schon die Kelten siedelten am Fuß des Bergs, zudem sollen sich zwei Energielinien am weitläufigen Gipfelplateau kreuzen, weshalb das Areal bereits in längst vergangenen Zeiten als Kultstätte diente. Rund um das isolierte Bergmassiv lassen sich Granatsteine entdecken. Einer dieser rubinroten Edelsteine soll den Erzählungen nach Noahs Arche den Weg gewiesen haben.

Picknick am Sternenbalkon

Als absolut magisch gilt eine viertägige Wanderreise auf dem Etappenwanderweg Via Paradiso bis zum Sternenbalkon – ein Logenplatz zum Träumen mit Panoramablick auf den Millstätter See und die umliegenden Berge. Belohnt wird man nach dem Aufstieg mit einem Picknickkorb vom Alpengasthof Bergfried voller regionaler Spezialitäten. Bei Sonnenuntergang am Aussichtsbalkon schmecken Mirnockspeck, Wurst- und Käsespezialitäten, frischer Topfenaufstrich, Hausbrot sowie ein Glas Perlwein, dazu ein Hollersaft. Schon bei den Römern zählte der Holunder als Heilpflanze und Symbol der Fruchtbarkeit. Rund um die Höfe der Mirnockbauern, die speziellen Wert auf Regionalität und das Bewahren von alten Traditionen und bäuerlicher Kulturlandschaft legen, gedeiht er besonders üppig, und das ist gut so, gilt er doch vielen bis heute als Schutzbaum für Haus und Hof.

Und noch etwas versteckt sich im Korb: die sogenannten Mirnockaugen. Dabei handelt es sich um ein Krapfengebäck, klein ausgestochen, in Fett ausgebacken und mit Preiselbeeren gefüllt. Der Name stammt von den drei kleinen Seen, an denen Wanderer auf ihrem Weg zum Gipfel vorbeikommen. So kann man die Urlaubstage schön ausklingen lassen, während die Sonne ihre letzten Strahlen über den Millstätter See ausschickt, bevor sich die ersten Sterne einer funkelnden Nacht darin widerspiegeln. Wie war das nochmal mit der Redensart »nach den Sternen greifen«?

← Vom Sternenbalkon aus reicht der Blick bis zur schneebedeckten Kette der Hohen Tauern.
↓ Große Lettern zieren das Granattor oberhalb der Lammersdorfer Hütte.

INFO

DAS GRANATTOR
Es thront in 2060 Metern Seehöhe auf der Millstätter Alpe und ist ein mystischer Anziehungspunkt: das Granattor. Das eiserne Tor – bedeckt mit unzähligen glitzernden Granatsteinen – erzählt die Geschichte dieser sagenumwobenen Alm, auf der das größte Granatvorkommen der Alpen vermutet wird. Der mystische Platz gibt ein grenzenloses Panorama auf den Millstätter See und die umliegende Bergwelt frei. Wanderer aus allen Himmelsrichtungen treffen sich hier. Entweder sind sie unterwegs am bekannten Alpe-Adria-Trail oder entlang dem »Weg der Liebe«, *Sentiero dell'Amore*. Egal, welche Tour man letztlich wählt, an jedem Start- und Endpunkt laden urige Almhütten zum Verweilen und Genießen ein.

WEITERE INFORMATIONEN
Die Mirnock-Sage und weitere Geschichten aus der Region können Familien im Sagamundo – dem Haus des Erzählens – in Döbriach erleben.
millstaettersee.com
millstaettersee.com/sternenbalkon
sagamundo.at

44

GMÜND – KÄRNTNER KÜNSTLERSTADT

KUNST, WOHIN MAN SCHAUT!

Was kommt heraus, wenn ein Ort südlich des Alpenhauptkamms seinen kreativen Potentialen freien Lauf lässt? Eine der schönsten und lebendigsten Kleinstädte Österreichs! Seit mehr als 30 Jahren setzt Gmünd, die 2500-Seelen-Gemeinde zwischen den Hohen Tauern und Nockbergen, konsequent auf Kunst und Kultur.

Was sich seitdem in der mittelalterlichen Stadt getan hat, ist beachtlich. Durch professionelle Kulturarbeit und geschickte Vermarktung hat sich der Ort landauf, landab zu einer der beliebtesten Kulturdestinationen Österreichs entwickelt. Hoher Standard im Kulturangebot und ein stetig wachsendes Netzwerk an internationalen Kooperationen haben Gmünd zu dem gemacht, was es heute ist: eine lebendige, lebenswerte Kleinstadt, in der sich Einheimische und Gäste gleichermaßen wohl fühlen. Insgesamt stehen hier 20 vormals leere Gebäude den kunstinteressierten Besuchern als Galerien, Museen, Werkstätten, Künstlerateliers und Internationale Gastateliers (mittlerweile fünf an der Zahl) offen. Es sind die vielen in der Stadt über mehrere Monate arbeitenden *Artists in Residence,* die dem Ort darüber hinaus ein internationales und weltoffenes Flair verleihen.

Dürer, Goya und Picasso

Zum bedeutendsten Ausstellungsort in Oberkärnten hat sich die Stadtturmgalerie entwickelt, die sich auf Druckgrafikausstellungen berühmter Künstlerinnen und Künstler spezialisiert hat. So kommt es, dass hier Albrecht Dürer, Francisco Goya, William Turner, Joan Miró, Henri Matisse, Maria Sibylla Merian oder Pablo Picasso in kleinen, feinen Ausstellungen zu erleben sind. Ein umfangreiches Rahmenprogramm begleitet die Ausstellungen. Für das junge Publikum wird viel getan – vom kostenlosen, von Künstlerhand geschaffenen Kinderbegleitheft zur Ausstellung bis zum umfangreichen Kunstvermittlungsprogramm für alle Altersstufen. Gmünd lädt aber auch dazu sein, selbst kreativ zu werden, und bietet Jahr für Jahr Kunstseminare im Rahmen der Sommerakademie an. So kann man hier etwa unter fachkundiger Anleitung das Mosaiklegen nach der klassischen Art von Ravenna ebenso erlernen wie die Botanische Illustration.

Wem das alles noch nicht genug ist, der findet im Porsche Automuseum und im Pankratium Gmünd/Haus des Staunens viel Neues und Unerwartetes zu entdecken. Kein Wunder also, dass Gmünd mit einem der umfangreichsten Kulturangebote Oberkärntens längst über die Landesgrenzen hinaus als Best-Practice-Beispiel für regionale Stadtentwicklung durch kulturelles Engagement gilt. Zahlreiche nationale und internationale Preise und Anerkennungen, darunter der EDEN Award als European Destination of Excellence, begleiten die außergewöhnliche Entwicklung einer Klein- zur Künstlerstadt.

INFO

DIE GETEILTE KIRCHE AM KREUZBICHL

Auffällig rosafarben verputzt liegt die Kreuzbichlkapelle nordöstlich von Gmünd im Liesertal. Das Gotteshaus ist so skurril wie einzigartig, denn mitten hindurch führt eine ehemalige Römerstraße. Auf der einen Straßenseite befindet sich der Altarraum, gegenüber liegt die zweigeschossige Galerie, in der die Kirchenbesucher den Predigten lauschen konnten. Der Kapellenbau erweist sich als spätbarocke, im Kern gotische Anlage mit gotischem Kreuzrippengewölbe, Walmdach und Glockenturm. Gottesdienste finden hier nach wie vor zu besonderen Anlässen statt, zudem diente die Kirche als Kulisse für einzelne Episoden der Fernsehserie »Ein Schloss am Wörthersee«. Der normale Verkehr umgeht das Kirchlein heute auf der Katschbergbundesstraße.

WEITERE INFORMATIONEN

Die Kirche geht auf ein Wegekreuz (Marterl) zurück, das 1443 an der Straße errichtet wurde. Urkundlich erwähnt wird ein »Kreuz am Bichl« erstmals 1588.
kuenstlerstadt-gmuend.at
facebook.com/kuenstlerstadtgmuend
kleindenkmaeler.at

← Jahr für Jahr werden in der Stadtturmgalerie Werke namhafter Künstler präsentiert.
↑ Die Kapelle lässt sich auf ein Wegekreuz aus dem Jahr 1443 zurückführen.

45

DRAUTAL – KRÄUTERDORF IRSCHEN

PILGERORT FÜR SLOW-FOOD-FANS

Was vor mehr als 30 Jahren mit einem kleinen Kräutergärtchen in Irschen begann, hat sich zu einem unverwechselbaren Markenzeichen für eine ganze Gemeinde ausgewachsen, denn heute sprießen in dem 2000-Einwohner-Dorf im Südwesten von Kärnten an allen Ecken und Enden wilde Kräuter. Das hat auch die Küche inspiriert.

Eine Reise in das Kräuterdorf Irschen im Drautal spricht die Sinne an: Der Duft der alpinen Kräuter steigt einem in die Nase, das bunte Farbenspiel erfreut das Auge. Nahezu jedes Haus hat seinen eigenen Kräutergarten, und auf den steilen Bergwiesen blühen unzählige Wiesenblumen. Die sonnige Lage im Kärntner Drautal lässt eine Vielzahl an wilden Kräutern ganz frei von irgendwelchen Einflüssen auf den Bergwiesen gedeihen. Bis auf eine Höhe von 1100 Meter Seehöhe reichen die Felder hinauf, gutes Schuhwerk wird daher für längere Wanderungen empfohlen. Rund um die Kräuter und ihre Verarbeitung hat sich in Irschen eine regelrechte Infrastruktur entwickelt: Vorträge, Führungen und Workshops informieren über die vielseitige Verwendung der Wild-, Duft- und Heilkräuter. Im Schaugarten und im Kräuterfeld erfährt man einiges über die Kräuterwelt.

Wo Slow Food zu Hause ist

Neben der Kräuterküche zieht die Slow-Food-Kochwerkstatt Genießerinnen und Genießer an. Bei den Terminen, die ohne Voranmeldung einfach besucht werden können, stehen der Einblick in die Vielfalt regionaler Lebensmittel und die Weitergabe von Hintergrundwissen und traditionellem Kochhandwerk im Mittelpunkt. Irschen zählt zu den weltweit ersten *Slow Food Villages*. Die Gäste können den bäuerlichen Nahrungsmittelproduzenten bei der Herstellung guter und fairer Lebensmittel zusehen. In den örtlichen Wirtshäusern wird frisch und »ehrlich« gekocht, so legt es die Philosophie vom langsamen Genießen, das sich vom Fast-Food-Konsum bewusst abkehrt, nahe. Die Slow-Food-Gemeinschaften praktizieren in Kochwerkstätten, Kindergärten und Schulen. Alte Rezepte neu entdecken, kulinarische Schätze heben, nachhaltige Lebensmittel erzeugen und Geselligkeit leben, darum geht es ihnen. Auch dem Mehl kommt in Irschen eine besondere Bedeutung zu: An fünf Samstagen im Jahr zeigt Müller Martin, wie die restaurierte Baierle-Mühle in Schörstadt/Irschen Rotkorn, Waldstaude, Roggen, Pupurweizen und Urmais zu feinem Voll-Mehl mahlt – allein mit der Kraft des Wassers.

Die kunsthistorisch relevanten Sehenswürdigkeiten halten sich im Dörfchen in Grenzen. Aber es gibt ein kleines Kuriosum: Mitten in einer Kräuterwiese steht das Kirchlein St. Johannes im Walde. 1242 wurde sie erstmals erwähnt, um 1600 barockisiert. Ihr Inneres birgt ein schauriges Detail aus dem 17. Jahrhundert: eine »Johannesschale« mit dem abgeschlagenen Kopf des Täufers, »serviert« auf einer Platte.

← Im Pfarrstadel, einem ehemaligen Speicher, ist das Kräuterhaus untergebracht.
↓ Bei Führungen in blühenden Wiesen kann man sein Kräuterwissen vertiefen.

INFO

EIN KESSEL BUNTES

Kräuter und Wildpflanzen zu nutzen hat in Irschen Tradition. Seit mehr als 20 Jahren zählt das jährlich stattfindende Irschner Kräuterfestival zu den Höhepunkten im Kärntner Festkalender – zumindest bei allen Feinschmeckern. Dann verwandelt sich das gesamte Dorf mit all seinen kleinen Gassen und entlang der Hauptstraße in einen einzigen großen Kräutermarkt. Für den guten Geschmack bei Gerichten und Getränken sorgen die Köchinnen und Köche in der Kräuterkuchl am Gemeindeplatz und die Irschner Gastwirte. Führungen mit Kräuterexpertinnen, spezielle Vorträge und Workshops sowie musikalische Einlagen füllen das Programm bei dem zweitägigen Festival, das zumeist auf das erste Juliwochenende fällt.

WEITERE INFORMATIONEN

Das Kräuterhaus Pfarrstadel ist eine gute Adresse für Kräuterspezialitäten.
kraeuterdorf.at – unter dieser Adresse gibt es einen Onlineshop mit Tees, Kräutermischungen und Naturkosmetik.
slowfood-irschen.at

46

BURG HEINFELS – WER WACHT ÜBERS TAL?

BURGENJUWEL IM OBEREN PUSTERTAL

Unerforschte Verbindungsgänge, Ungeheuer, die einen Schatz hüten, neugierige Turmfalken und das Rätsel um mittelalterlichen Mörtel, das sich auch nicht durch den Einsatz von Eiweiß lösen ließ – all dies erfährt man bei einer Führung durch die Burg Heinfels oder besser gesagt: die Ruine Heinfels, gelegen auf 1130 Metern Höhe.

Burg Heinfels liegt unweit von Silian im Pustertal. Aus dem Tal gesehen wirkt die Ruine der Festung, die 1243 erstmals urkundlich erwähnt wurde, noch immer mächtig. Bei Grabungen im Zuge der letzten Renovierung hat man herausgefunden, dass das Hochplateau, auf dem die Burg steht, schon viel länger besiedelt war. Man entdeckte ein Gräberfeld mit um das Jahr 1000 nach christlichem Ritus bestatteten Toten.

Der Kern der Burg wurde jedoch mit ziemlicher Sicherheit im 12./13. Jahrhundert gebaut. Selbst wer sich nicht mit Burgen auskennt, sieht, auf welch strategisch gut gewähltem Punkt die Burg Heinfels, immerhin die größte Burganlage Osttirols, erbaut worden war. Sie liegt etwas erhöht über dem heutigen Ort Heinfels auf einer Hochebene und überwacht das ganze Tal. Lange war die Burg im Besitz der Grafen von Görz, erst ab 1500 setzte ein reger Besitzerwechsel ein. Bis 1910 wurde die Feste genutzt, zuletzt als Kaserne. Dann stürzte 1917 das Dach ein, und alles verfiel rasch zur Ruine, die trotz einiger Renovierungsversuche nicht mehr zu retten schien.

Die Auferstehung

Die Wende kam 1999. Erste Sanierungen begannen, und nach einem letzten Besitzerwechsel an die Süßwarenfirma Loacker wurde zwischen 2016 und 2020 alles umfangreich wiederhergestellt. Dabei waren sich alle Beteiligten einig, die Burg nicht mehr in den Originalzustand zurückzuversetzen, sondern nur das zu konservieren und zu erhalten, was zu dem Zeitpunkt noch vorhanden war. Architektonisch und auch aus Sicht des Denkmalamts eine Herausforderung und gleichzeitig eine Chance. So wurde im Vorfeld die ganze Burg vermessen und der Istzustand genauestens aufgenommen. Mit dem Konzept, ein modernes Museumsareal zu gestalten, ging es dann in die nächsten Bauphasen. Zum Erhalt der Burg wurden nur Baumaterialien verwendet, die man auf dem Areal gefunden hatte. Der Anspruch war, mit historischen Handwerkstechniken zu arbeiten, jedoch scheiterte man an der richtigen Zusammensetzung des mittelalterlichen Mörtels, der bis heute, also seit über 700 Jahren, die Steine felsenfest verbindet. Trotz vieler Tests konnte man seine genauen Bestandteile nicht ermitteln, da half auch das Beimischen von Eiweiß nichts. Für den Ausbau und die Erschließung des Museums dienten schlichte Materialien wie Stahl, Glas oder Holz. So entstand ein architektonisches Meisterstück, ein echtes Burgenjuwel, das jeden Umweg wert ist.

INFO

SÜSSE VERSUCHUNG

Die Firma Loacker ist ein bekannter Südtiroler Waffelhersteller mit einer Filiale in Heinfels. In der »Loacker Genusswelt« gibt es neben dem Werksverkauf das Loacker Café und ein kleines Museum.
Für Ruhesuchende bietet sich ein Abstecher ins Villgratental an. Vom Südtiroler Klima verwöhnt, gibt es hier mehr Sonnenstunden als im übrigen Land. Die Villgrater Berge sind ein Anziehungspunkt für Wanderer, Bergsteiger, Mountainbiker und fürs Skitourengehen. Klassische Skifahrer hingegen sucht man, mangels Liftanlagen, vergebens. Ein Geheimtipp für Wanderer ist der hinterste Winkel des Tals, rund um die Oberstalleralm. Mehrere alte Almhütten, deren Mauern bis ins 17. Jahrhundert zurückreichen, gruppieren sich um eine kleine Almkapelle.

WEITERE INFORMATIONEN

Tourist-Info: osttirol.com; pustertal.org
Nur im Rahmen einer Führung in der Burg Heinfels kann man die freskierte Burgkapelle mit ihrer Wellendecke besichtigen.
burg-heinfels.com
loacker.com

↖ Die Burg liegt auf 1130 Metern Höhe. Der Bergfried überragt sie um weitere 20 Meter.
↑ Perfekt eingepasst in die alten Mauern – moderne Architektur auf Burg Heinfels.

47

OSTTIROL – AUSFLUG INS UMBALTAL

WILDE WASSER

Die unglaubliche Kraft des Wassers lässt sich am besten an Gletscherflüssen beobachten, die sich frei und wild ihren Weg durch die Felsmassive bahnen. Einer der Letzten dieser Art in den Alpen ist die Isel, die die spektakulären Umbalfälle bildet. Sie gehören zur Nationalparkgemeinde Prägraten am Großvenediger.

Auf dem Natur-Kraft-Weg Umbalfälle, dem ersten Wasserschaupfad Europas, finden sich Besucher in einem rauschenden Naturschauspiel wieder und erleben hautnah, wie sich das Wasser über Stufen, Wirbel und Ströme ins Tal stürzt. Der Rundgang führt zu sieben Stationen, an denen Infotafeln auf großzügig angelegten Aussichtsplattformen – mal hoch über der Schlucht, mal dicht am Wasser – warten; mitten in einem dynamischen Lebensraum voller seltener Tiere und Pflanzen und geradewegs in die Urgeschichte einer jahrtausendealten Bergnatur. Auch Steinbock, Gams und Steinadler lassen sich zu bestimmten Tageszeiten in sicherer Entfernung beobachten.

Speziell in den Sommermonaten donnern hier eindrucksvolle Wassermassen talwärts. Wie kaum in einem anderen Tal der Hohen Tauern zeigen sich im Umbaltal die landschaftsformende Wirkung und das Wesen eines Gletscherbachs. Aussichtskonstruktionen, die in 30 Meter Höhe in die Schlucht hineinragen, bilden nur eines der vielen Angebote, um der ungestümen Natur nahezukommen. 2014 wurde der Natur-Kraft-Weg Umbalfälle mit dem Österreichischen Wandergütesiegel ausgezeichnet. Die Tour ist für Kinder ab sechs Jahren geeignet. Der höchste Punkt liegt auf 1660 Metern Seehöhe. Die Verpflegung stellt die Familie Berger auf der Islitzer Alm sicher. Auf der Speisenkarte stehen unter anderem Gamsbraten, Fleisch aus der eigenen Landwirtschaft, Speck, Hauswürstl, Osttiroler Schlipfkrapfen, Schwammerlgulasch, Tiroler Gröstl, Kaiserschmarren und vieles mehr. Wer sich den Fußweg zur Alm sparen möchte, kann eine Pferdekutschenfahrt reservieren.

Perfekte Pyramide

Die berühmten Umbalfälle liegen in der Nationalparkgemeinde Prägraten am Großvenediger. Das Bergwanderdorf am Ende des Virgentals überzeugt vor allem durch seine ruhige Lage. Durchgangsverkehr ist hier ein Fremdwort. Angeführt vom Großvenediger (3657 Meter), der sich genau auf der Grenze zwischen Osttirol und dem Salzburger Land erhebt, umschließen mehr als 50 Dreitausender das Virgental. Von Prägraten aus ist die schnee- und eisbedeckte, unverkennbare Pyramide des Großvenedigers am schnellsten erreichbar. Einer der Initiatoren der Erstbesteigung am 3. September 1841, Ignaz von Kürsinger, gab dem Berg den Beinamen »weltalte Majestät«. Heute ist der Ort am Osttiroler Fuß des Gipfels eine der vielen Stationen entlang des 70 Kilometer langen Venediger-Höhenwegs zwischen dem Matreier Tauernhaus und Hinterbichl im Virgental.

INFO

ST. NIKOLAUS IN MATREI
Kunsthistoriker bezeichnen die Kirche auf der Südseite des Matreier Talkessels als Juwel unter den Sakralbauten der Ostalpen. An Stil und Mauerwerk konnten sie ablesen, dass die Kirche zwischen 1150 und 1200 erbaut wurde. Betritt man sie durch das romanische Rundbogentor, ist man sogleich von den seltenen Bauformen gefesselt. Den größten kunsthistorischen Wert stellen die romanischen Fresken dar. Sie waren Jahrhunderte überdeckt und wurden erst 1881 freigelegt. Wer etwas entfernt von der Kirche steht und ins Virgental blickt, dem fällt eine weitere Besonderheit auf: Die Kirchturmspitzen von St. Nikolaus, Mitteldorf, Virgen und Obermauern befinden sich exakt auf einer Linie. Warum das so ist, das weiß heute leider niemand mehr.

WEITERE INFORMATIONEN
Sollte die Kirche geschlossen sein, so erhält man beim nahegelegenen Bauernhof den Schlüssel.
osttirol.com
matrei-ost.tirol.gv.at
islitzeralm.at
virgental.at

← Auf 2400 Metern entspringt die Isel dem Umbalkees und stürzt über die Umbalfälle zu Tal.
↑ Eine romanische Kirche in Reinform: St. Nikolaus. Die Fresken sind aus dem Jahr 1270.

Wenn es Nacht wird über Feldkirch und der Schattenburg, sorgt die Stadtbeleuchtung für Atmosphäre.

DER WESTEN

Von Vorarlberg bis Tirol warten an jeder Ecke Überraschungen.

48

LECHTAL – WILDE, URSPRÜNGLICHE LANDSCHAFT

EIN SOMMER IN FREIHEIT

Wie duftet von Sonne getrocknetes Heu oder das Harz der Lärchen? Wie riechen Kiesbänke und wie schmeckt die Luft an einem wilden Fluss nach Regentagen? Das Lechtal versetzt Wanderer jeden Alters in die Erinnerungswelt der Kindertage, als es noch völlig normal war, den ganzen Tag in der Natur zu verbringen.

Der Lech, der unterhalb des Formarinsees in Vorarlberg seinen Lauf beginnt, legt gut 256 Kilometer zurück, bevor er in Deutschland in die Donau mündet. Kaum hat er die Grenze nach Bayern bei Füssen passiert, wird er zum Forggensee aufgestaut. Im weiteren Verlauf regulieren 30 Kraftwerke und 24 Stauseen seinen Lauf und zwingen den Lech in ein vorgefertigtes Bachbett. Energiegewinnung aus Wasserkraft ist sicherlich wichtig, aber sie bedeutet eine echte Degradierung für einen stolzen Bergfluss. Zum Glück darf sich der Lech in Österreich noch so richtig austoben. Völlig frei, wild und ungebändigt schiebt er sich mit viel Kraft und Geröll durch die Lechtaler Alpen. Er ist auf einer Länge von gut 125 Kilometern einer der letzten Wildflüsse im nördlichen Alpenraum und damit ein echter *Secret Place.*

Über Traumpfade

Um das Lechtal und seine herrlichen Naturschätze zu erkunden, steht ein wunderschöner Weitwanderweg bereit, der Lechweg. Die beste Jahreszeit, um die Wildflusslandschaft intensiv zu erkunden und um die beschworenen Kindheitserinnerungen zu wecken, ist der Sommer. Startplatz ist am Formarinsee auf einer Höhe von 1793 Metern. Bis man nach einer Woche den Lechfall bei Füssen erreicht, hat man viele Höhenmeter verloren, aber auch einige dazugewonnen. Der Fluss durchfließt kleine Schluchten und schiebt sich an Felsen vorbei. Das zwingt die Wanderer immer wieder dazu, auf höhere Bereiche auszuweichen und entlang der Talhänge zu gehen. Die Landschaften, die man dabei durchquert, sind einzigartig. Das kristallklare Wasser, die saubere Luft, die vielen Bergwälder und bunten Almwiesen am Weg sind eine Augenweide. Je weiter man dem Weg folgt, umso mehr nimmt der Lech an Fahrt auf und wandelt sich zu einem großen Fluss, malerische Dörfer liegen an seinen Ufern. Etliche Brücken überqueren den Lech, darunter die spektakuläre Hängebrücke bei Holzgau, die einen Seitenbach überwindet. Sie ist eine der längsten schwingenden Brücken in Österreich.

Je näher Reutte und Füssen kommen, umso breiter darf sich der Lech ausdehnen. In seiner Dynamik schafft er weite Kiesflächen und sucht sich immer wieder neue Wege. Ideal ist das bei Hochwasser, denn dann hat er Platz und kann das ganze Tal ausfüllen. Vielleicht handelt es sich hier auch um sein letztes ungezügeltes Aufbäumen, als würde der Fluss ahnen, dass es spätesten ab dem Lechfall bei Füssen mit seiner Herrlichkeit vorbei ist.

INFO

IM NAMLOSER TAL

Wenn ein Tal keinen Namen trägt, wenn es nur Namloser Tal genannt wird, dann hat man wohl vor lauter Einsamkeit vergessen, eine passende Bezeichnung zu finden. Aber ganz so schlimm war und ist es in diesem Seitental des Lechtals nicht. Zum einen stammt der Name wohl von einem ersten Siedler, einem Mann namens Amelfied, kurz »Amel«, ab. Daraus hat sich im Lauf der Jahre der Begriff »Tal des Amles« in ein Namles und schließlich in das Namloser Tal gewandelt. Außerdem führt heute eine bequeme Bergstraße in das Dörfchen Namlos, das damit nicht mehr ganz so abgeschieden liegt. Trotzdem wohnen hier nur wenige Menschen, dafür gibt es umso mehr einsame Wanderwege für alle, die die Einsamkeit lieben.

WEITERE INFORMATIONEN

lechtal.at
lechweg.com
Der Lechweg lässt sich auch auf dem Fahrrad erkunden, die Strecke verläuft jedoch in weiten Teilen getrennt vom Wanderweg. Mit dem Rad schafft man es in vier bis fünf Tagen bis zur Flussmündung.

↖ Wo man dem Lech Platz lässt, bildet er Kiesbänke, ideal für bodenbrütende Vögel.
↑ Von Namlos führt ein herrlicher Spaziergang zum Weiler Kelmen.

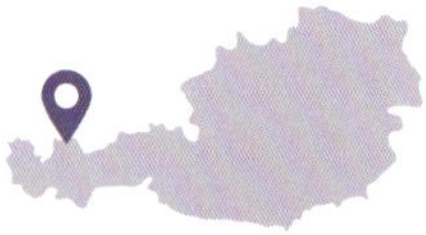

49

EHRENBERG – TIROLS GRÖSSTE FESTUNG

NICHTS FÜR SCHWACHE NERVEN

Frei nach dem Motto »Einfach mal machen, könnte ja unglaublich werden« wagt man sich hinaus auf die highline179. Und schwebt nahezu, wenn man sich über die leicht schwankende Konstruktion der Hängebrücke wagt. Sie überspannt auf einer Länge von 406 Metern die Ehrenberger Klause und verbindet die Ruine mit dem Fort Claudia.

Über viele Jahrhunderte hinweg standen sich Tirol und Bayern feindselig gegenüber. Immer wieder kam es zu Auseinandersetzungen. Tirol hatte den Vorteil, dass es die Berge nach Norden hin abschirmten. In dieser natürlichen Schutzmauer gab es nur drei Öffnungen: Kufstein, Scharnitz und Reutte, die jeweils durch gewaltige Festungen gesichert wurden. Ehrenberg bei Reutte war das westlichste der drei Bollwerke. Es entstand nach 1248, sowohl als Hochburg auf einem Hügel wie auch als Klause unten an der Straße. Ständig gab es kriegerische Auseinandersetzungen durch umherziehende Söldner oder durch die schwedischen Truppen im Verlauf des Dreißigjährigen Kriegs. Obwohl es den Tirolern gelang, die Schweden abzuwehren, ließ Erzherzogin Claudia zur Verstärkung das Fort Claudia auf dem Bergrücken gegenüber der Burg Ehrenberg errichten. Im Spanischen Erbfolgekrieg 1703 eroberte sie der bayerische Kurfürst Max Emanuel nach zweitägiger Belagerung. Erst als man Geschütze auf dem Schlosskopf, dem Nachbargipfel westlich der Festung, aufbaute, konnte man die Burg zurückgewinnen.

Durch diese Erfahrung klüger geworden, befestigte man 1733 auch noch den Schlosskopf und verband die drei Anlagen mit Mauern zur größten Festung Tirols. Allerdings trug sie diesen Titel nur für wenige Jahre. 1782 wurden unter Kaiser Joseph II. sämtliche Festungen Tirols außer Kufstein aufgelassen, und Ehrenberg verkam zur Ruine. Seit 2001 kümmert sich der Verein Burgenwelt Ehrenberg um ihren Erhalt und hat damit ein echtes Kleinod geschaffen, das man heute wieder besichtigen kann.

Klause mit vielen Funktionen

Die alte Straße von Reutte zum Fernpass verlief im Tal durch die Ehrenberger Klause. Sie war gleichzeitig Zollstation und militärische Sperre. Seit der Auflassung der Festung im 18. Jahrhundert sind große Teile der Talsperre zur Ruine verfallen. Ein Teil davon ist heute ein interessantes Museum, in dem 14 unterschiedliche Themenbereiche aus dem Mittelalter aufbereitet werden. Über der Klause steht die Burgruine Ehrenberg, die man entweder auf einem gut ausgebauten Fußweg oder mit dem Schrägaufzug »Ehrenberg Liner« erreichen kann. Zur großen Ruine geht man von der Bergstation des Aufzugs bequem zu Fuß. Adrenalinjunkies biegen gleich auf die highline179 ab, eine Fußgängerhängebrücke, die ohne beschwerliches Auf und Ab hoch über dem Tal zum Fort Claudia führt. Die Brücke ist gut 400 Meter lang und sorgt für unvergesslichen Nervenkitzel.

INFO

EIN SEE FÜR DIE SEELE

Der Plansee, der zweitgrößte See Tirols, liegt abseits der großen Reiserouten an der Straße von Reutte ins bayerische Graswangtal. Sein glasklares Wasser, das in allen erdenklichen Grüntönen schimmert, fasziniert Wanderer, Badegäste und Wassersportler. Der an vielen Stellen frei zugängliche See eignet sich im Sommer ideal zum Baden. Bekannt durch seinen Fischreichtum gilt er zudem als Paradies für Taucher. Sie berichten von Sichttiefen bis zu 15 Meter. Am Nordufer verläuft die einzige Straße, während der Panoramaweg am Südufer den Wanderern vorbehalten bleibt. Und nur wer auf Schusters Rappen unterwegs ist, hat die Möglichkeit, vom Plansee ans Ufer des Heiterwanger Sees zu wechseln, denn beide Gewässer sind an der Speckbacherhütte miteinander verbunden.

WEITERE INFORMATIONEN

reutte.com
ehrenberg.at
highline179.tirol
Der Name highline179 verrät nicht die Brückenhöhe, sondern stammt von der Fernpassstraße B179.

← 1,20 Meter breit ist die Brücke, ausgestattet mit blickdurchlässigen Gitterrosten.
↑ Im Süden des Plansees ragen das Hochjoch und der markante Thaneller auf.

50

STIFT STAMS – BAROCKER BAUM DES LEBENS

SPITZENSPORT UND TIEFE EINKEHR

Zwischen Telfs und Imst liegt das Stift Stams im Tiroler Inntal. Umrahmt von den Ausläufern der Mieminger Bergkette und der Sellrainer Alpen könnten seine zwei barocken Türme keinen schöneren Kontrast setzen. Nahezu einzigartig ist der 19 Meter hohe Hochaltar der Klosterkirche: ein Baum des Lebens.

Die Gründung des Klosters geht auf eine traurige Geschichte zurück. 1246 wurde die Wittelsbacher Prinzessin Elisabeth mit dem Stauferkönig Konrad IV. verheiratet. Die beiden bekamen 1252 einen Sohn, Konradin. Nach dem Tod des Vaters zog Konradin nach Süditalien, um sein Erbe zu sichern. Dort war er jedoch nicht willkommen, sein Heer wurde besiegt, man nahm Konradin gefangen und ließ ihn in Neapel öffentlich enthaupten. Seine Mutter hatte inzwischen Meinhard II. von Görz geheiratet und mit ihm das Zisterzienserstift Stams gegründet. Hier sollte von nun an »ewig« für Konradin gebetet werden. Zugleich sollte das Stift als Begräbnisstätte der Grafen von Görz-Tirol dienen.

Im Laufe der Jahrhunderte durchlebte das Kloster ein stetes Auf und Ab. Eine Zeitlang musste es ohne Glaubensgemeinschaft auskommen. 1938/39 beherbergte es unter den Nationalsozialisten als Umsiedlungsheim ausgewanderte Südtiroler. Erst nach Kriegsende erhielten die Mönche ihr Kloster zurück. Damit begann eine neue Blüte. Die Generalsanierung wurde 2016 abgeschlossen. Heute betreibt das Stift das Gymnasium Meinhardinum und, weit bekannter, das Skigymnasium, aus dem einige der bekanntesten Wintersportler Österreichs kommen.

Geschnitzter Ahnenbaum

Das Kloster samt Kirche, Bernardisaal und Museum erschließt am besten eine Führung. Einen Blick in die Stiftskirche kann man zwar auch ohne Führung werfen, aber ein Gitter verwehrt den Zugang zum Hochaltar. Gerade er ist einer der Höhepunkte von Stams. Den frühbarocken Hochaltar schuf der Weilheimer Bartholomäus Steinle. Er stellt einen Lebensbaum dar, der sich mit vielen Ranken, Ästen und Zweigen zum Gewölbe windet. Adam und Eva neben der Altarmensa bilden das Grundgerüst, aus dem sich zwei dicke Äste über dem Tabernakel treffen und dann verzweigen. Sie umranken Maria und einige Apostel, verästeln sich immer weiter und umfassen dabei 84 weitere Heilige. Ganz oben endet der Baum mit der Krönung Mariens unter der Dreifaltigkeit. Der Altar trennt den Mönchschor vom Bereich der Laien. Durch seine Dominanz übersieht man fast die Fürstengruft der Tiroler. In ihren Wandnischen stehen vergoldete Schnitzfiguren einiger bedeutender Landesfürsten des späten Mittelalters, etwa die von Erzherzog Sigmund dem Münzreichen oder die von seinem weniger erfolgreichen Vorgänger, Friedrich mit der leeren Tasche.

← Die beiden Türme gehören nicht zur Stiftskirche, sondern zum Konventsgebäude.
↓ Eichenwälder sind in Tirol rar – umso mehr genießt man den uralten Laubwald bei Stams.

INFO

ÄLTESTES NATURDENKMAL TIROLS

Der Stamser Eichenwald gehört zum Kloster Stams und gilt als das älteste Naturdenkmal von Tirol. Er liegt westlich des Stifts und zählt einige Bäume in seinen Reihen, die vielleicht schon wuchsen, als das Kloster vor mehr als 700 Jahren gegründet wurde. Der Wald liegt auf einem vom Stamser Bach herantransportierten, riesigen Schuttkegel, den die Mönche einst mit Eichen bepflanzten. Sie sollten Stams vor weiteren Geröllabgängen schützen. Vom Klosterparkplatz führen beschilderte Wanderwege durch den Eichenwald, die sich bis zum Stadlinger Wasserfall ausdehnen lassen. Zum Abschluss kehrt man zum Kloster zurück und gönnt sich eine Auszeit in der Orangerie. Die lichtdurchfluteten Räume unterm dunklen Gewölbe mit seinem offenen Mauerwerk sind allein optisch ein Genuss, in Kombination mit der guten Küche ein echter Geheimtipp.

WEITERE INFORMATIONEN

Führungen im Kloster finden ganzjährig statt. Von Oktober bis Mai jedoch nur einmal die Woche jeweils donnerstags, stiftstams.at
Wanderweg Eichenwald 1–3 Std.

51

GROSSER AHORNBODEN – GRANDIOSE KULISSE

DER NATUR UNTERWORFEN

Im Tiroler Rißtal, einer österreichischen Enklave ganz im Norden des Karwendelgebirges und nur über eine mautpflichtige Straße von Bayern aus zu erreichen, gibt es etwas ganz Besonderes. Am Talschluss, in der Eng, liegt ein lichter und uralter Wald direkt unter den steilen Wänden von Laliderer Spitze und Lamsenspitze.

Am Ende des Rißtals, wo die Berge so nah zusammenrücken, dass sie schier unüberwindbar scheinen, wachsen auf einer grünen Wiese mehr als 2000 Bergahornbäume. So viele, dass man dem engen Talgrund den Namen »Großer Ahornboden« gegeben hat. Die uralten Baumriesen sind von Moos bewachsen, krumm, buckelig, windschief und knorrig – wahre Methusalems. Manche mehr als 400 Jahre alt, haben sie alle ihren eigenen unverwechselbaren Charakter.

Warum sich gerade hier ein solcher Wald bilden konnte, ist bis heute nicht ganz geklärt. Sicher ist, dass der Almboden in der Eng schon seit vielen Jahrhunderten im Sommer als Weideland für Tiere genutzt wird. Die erste schriftliche Aufzeichnung stammt von 1523. Seitdem werden die Almwiesen, bis auf eine kurze Unterbrechung, durchgehend beweidet. Aber genau diese kurze Zeit der Pause, wohl während des Dreißigjährigen Krieges, war die Geburtsstunde des Großen Ahornbodens. In dieser Zeit konnten die Bäume, die als Pionierpflanzen gelten, hochwachsen, denn keine Tiere kamen, die sie abgefressen hätten. Nach dem Krieg, als die Eng wieder mit Vieh bestoßen wurde, waren die Ahornbäume bereits zu groß. Man ließ sie vereinzelt als Schattenspender stehen. Zum Glück, denn so gibt es bis heute diesen riesigen Ahorn-Bestand im Rißtal.

Naturwunder Bergahorn

Dabei ist der Bergahorn an sich schon eine besondere Baumart. Er führt ein Leben mit und gegen die Natur. Harte Witterungsbedingungen und plötzliche Naturkatastrophen kennzeichnen seinen Lebensraum. Kälteperioden, Lawinen und Murenabgänge setzen den Bäumen immer wieder zu. Im Lauf der Jahrhunderte wurden die Stämme der Ahornbäume oft von Steinen überschüttet. Aber sie besitzen die einzigartige Fähigkeit, diesen Widrigkeiten zu trotzen. Sie wachsen einfach stoisch weiter. Am Großen Ahornboden erreichen nun langsam einige der ältesten Exemplare das Ende ihrer Lebenszeit, denn ganz so alt wie Linden oder Eichen können Bergahorne nun mal nicht werden. Die Naturparkverwaltung kümmert sich um den Erhalt dieser Kulturlandschaft und pflanzt immer wieder neue Bäume nach. Der Themenweg »Großer Ahornboden – Engalm«, führt vom Wanderparkplatz am Talschluss vorbei an einigen knorrigen Exemplaren zu den Engalmen. Auf Informationstafeln erfährt man Wissenswertes über die Natur und das Leben im Karwendel und natürlich auch über die uralten Ahornbäume.

INFO

KARWENDEL UND HINTERAUTAL

Der Geologe Marko Vincenc Lipold, Ludwig Thoma, der Bergsteiger Hermann von Barth sowie König Ludwig II. – sie alle haben das Karwendel geliebt, gingen dort auf die Jagd, suchten die Einsamkeit, kletterten schwierige Routen, absolvierten Erstbesteigungen oder schrieben ganze Romane über die Gegend. Das Karwendel mitsamt seinem Naturpark ist legendär. Bei Scharnitz führt ein weiteres Tal, das Hinterautal, ins Gebirge. Es ist für den öffentlichen Verkehr gesperrt und nur mit dem Fahrrad oder zu Fuß erreichbar. Dabei folgt man der jungen Isar, die am Talschluss entspringt. Abstecher in einige weitere einsame Seitentäler wie das Gleirschtal oder Eppzirler Tal sind dabei möglich.

WEITERE INFORMATIONEN

silberregion-karwendel.at
karwendel.org
Am schönsten ist der Besuch des Ahornbodens im Herbst, wenn die Blätter sich verfärben. Aber Achtung, diese Jahreszeit beginnt in den Bergen deutlich früher, und nach dem ersten Frost ist schon alles vorbei!

↖ Eine fast schon klassische Wanderung führt zum herbstlich bunt gefärbten Ahornboden.
↑ Die noch junge Isar im Hinterautal vor der schneebedeckten Arnspitze

52

RATTENBERG – GLASMACHERSTADT IM INNTAL

EIN GUTES PFLASTER FÜR DIE KUNST

Als unbekannte Innperle lässt sich das Städtchen Rattenberg gut und gerne bezeichnen. Es verzaubert seine Besucherinnen und Besucher mit einer winzigen, verkehrsberuhigten Altstadt. Dazu gibt es Stadtmauern, ein Kloster und ein Brauhaus, eine mächtige Kirche und eine in ganz Tirol bekannte Einwohnerin.

Die Rede ist von der Heiligen Notburga, der wohl bekanntesten Tiroler Volksheiligen, die als Patronin der Mägde und der Landwirtschaft auch in Bayern, Slowenien und in Teilen Italiens verehrt wird. Mit ihrer Kornsichel und dem Bund Ähren in der Hand ziert sie unzählige Kirchen und Kapellen und ist auch ein Motiv in Lüftlmalereien. Notburga wurde 1265 in Rattenberg geboren, und einige ihrer Wunder sollen sich hier zugetragen haben. Im Stadtbild von Rattenberg ist sie allgegenwärtig, sei es an ihrem Geburtshaus am Sparkassenplatz oder in der großen Kirche St. Virgil. Letztere gehört auf jedes Besichtigungsprogramm, denn sie ist auch architektonisch sehr interessant. Die Kirche steht unter dem Burgberg und ist über Treppenaufgänge zu erreichen. Einen versteckten Zugang gibt es in der Pfarrgasse vom Haus Nummer 8 aus. Durch ihn kann man den verwinkelten Bau betreten, der in die Felsen hineingeschlagen ist. Das verschachtelte Kirchenschiff wurde in zwei Teile, ursprünglich eines für die Bürger und eines für die Bergarbeiter, getrennt. Durch seine barocke Innenausstattung wirkt es zumindest nicht düster, während einige der angrenzenden Kapellen fast ohne Tageslicht auskommen müssen.

Eine Kunst- und Glasmeile

Nach der Kirchenbesichtigung will man an die Sonne und einen Bummel durch die Stadt unternehmen. Rattenberg ist mit rund 500 Einwohnern übrigens die kleinste Stadt Österreichs – das merkt man schnell. Egal, welche der Gassen man einschlägt, sie führen alle zur großen Südtiroler Straße, der einzigen Hauptstraße im Ort. Hier reihen sich Cafés, Gasthäuser und Geschäfte aneinander. Darunter befinden sich auffallend viele Kunsthandwerksbetriebe, vor allem Glasbläsereien und Schleifereien, in denen man den Künstlern bei der Arbeit über die Schulter schauen kann. Darüber hinaus lohnt sich der Besuch des Augustinermuseums mit seinem Aussichtsturm, der Nagelschmiedhäuser aus dem 12. Jahrhundert sowie der Aufstieg zum Burgberg mit der Ruine Rattenberg.

Auch wenn es nahe zu liegen scheint, erhielt Rattenberg seinen Namen nicht von den Nagetieren. Vielmehr geht man davon aus, dass im frühen Mittelalter, als das Inntal bis zum Eingang des Zillertals bayerisch war, Rato eine erste Wehranlage errichtet ließ. Rato, ein Mitglied der bayerischen Uradelsfamilie der Rapotonen, wählte dazu den Standort, an dem später die Burg Rattenberg errichtet wurde. Heute ist nur noch eine Ruine mit einem mächtigen Bergfried übrig.

INFO

KRAMSACHS SKURRILER FRIEDHOF

Gegenüber von Rattenberg liegt Kramsach mit dem Tiroler Museumsfriedhof. Jede Menge Grabkreuze mit derben Sprüchen hat der Steinmetzmeister Hans Guggenberger auf dem »Lustigen Friedhof« zusammengetragen. »Hier schweigt Johanna Vogelsang, sie zwitscherte ihr Leben lang« – einige bringen den Leser zum Schmunzeln, manche wirken makaber, und andere sind äußerst erfrischend. Dem Tod lässt sich so ein Lächeln abgewinnen, weiß man doch, dass keiner lebend davonkommt. Darüber hinaus gibt es einen modernen Totentanzzyklus sowie einen Museumsshop mit allerlei skurrilen Angeboten. Und wer schon mal beim Shoppen ist, findet vielleicht auch den Insidertipp für den Outlet-Store der Bekleidungs- und Schuhfirma Giesswein gut. Am Firmenhauptsitz im Industriegebiet zwischen Rattenberg und Kramsach kann man im Trendstore das eine oder andere Schnäppchen machen.

WEITERE INFORMATIONEN

alpbachtal.at
rattenberg.at
museumsfriedhof.info

**← Vom Oberen Schloss blickt man über Rattenberg und den grünlich schimmernden Inn.
↑ Das Kramsacher Friedhofsmuseum gewinnt dem Tod eine heitere Seite ab.**

53

KAISERKLAMM – AM SCHÖNSTEN ENDE DER WELT

WO DIE SCHMETTERLINGE TANZEN

Zwischen Kufstein und Innsbruck liegt nördlich der Ferienregion Alpbachtal das wenig bekannte Brandenberger Tal. Genauer gesagt handelt es sich um ein Hochplateau mit zahlreichen Weilern rund um das Dorf Brandenberg. Hier ist die Welt, so scheint es, zu Ende. Eine gute Gelegenheit, die Natur in Ruhe zu erkunden.

Wer von Kramsach der Brandenberger Ache folgt, erreicht das Hochplateau bei Brandenberg, eingebettet zwischen dem Rofan und dem Kienberg. Von dort gibt es einige Verbindungswege nach Norden, aber die sind nur Mountainbikern und Almbesitzern vorbehalten, denn sie führen mitten in die Blauberge hinein. Eine schmale Straßenverbindung gibt es in Richtung Achensee nach Steinberg, die ist jedoch nur für Einheimische und bloß zu genau getakteten Uhrzeiten im Einbahnstraßensystem befahrbar. In Brandenberg ist man somit mehr oder weniger am Ende der Welt angelangt.

Dabei bietet das Tal mit seinen fünf Ortsteilen Aschau, Pinegg, Oberberg, Unterberg und Dorf einiges Interessante, sodass man gut und gerne ein paar Tage hier verbringen kann. Herrliche Wege führen auf den Gipfel mit dem Namen Voldöppberg – ein Schelm, wer Böses dabei denkt. Dabei hat der 1509 Meter hoch gelegene Aussichtspunkt, der auch Voldöpperspitze genannt wird, natürlich rein gar nichts mit Volldeppen zu tun. Vielmehr schenkt er dem Wanderer ein weites Panorama über das Inntal auf die Zillertaler und Alpbachtaler Berge. Etwas mehr Kondition braucht man für die Bergtour auf den Kienberg und den Plessenberg, zwei Gipfel, die sich über die Jocheralm erklimmen lassen.

Ein Kaiser schaut zu

Das Brandenberger Tal ist bekannt für seine wilden Klammen. Sowohl die Tiefenbachklamm als auch die Kaiserklamm wurden von der Brandenberger Ache ausgewaschen, und beide lassen sich auf alten Triftsteigen erwandern. Die Kaiserklamm, die unweit des Kaiserhauses beginnt, wurde nach Franz Joseph I. benannt. Man erzählt sich, dass Sisis Gatte, wenn er auf der Jagd war und zufällig an eine Holztrift kam, diese gerne beobachtete, so auch in der Kaiserklamm. Für die Trift staute man oberhalb der Klamm an einer Klause Wasser auf und ließ die gefällten Bäume von den steilen Bergflanken hinab direkt in die Schlucht rutschen. Wenn genügend Holz geschlagen war, öffnete man die Klausenschleuse. Durch die Wucht des Wassers, verstärkt durch die Enge der Klamm, wurden die Stämme mitgerissen und ins Tal transportiert. Dazu mussten jedoch Wege angelegt werden, denn immer wieder verkeilten sich die Stämme und mussten gelöst werden. Eine gefährliche Arbeit, die erst durch moderne Abholzungsmethoden vereinfacht wurde. 1960 fand die letzte Trift in der Klamm statt, heute dienen die Wege über dem Wasser den Wanderern.

← Für den Weg durch die Kaiserklamm sollte man trittsicher sein.
↓ Vom Kaiserhaus führen Mountainbikestrecken in die Blauberge.

INFO

REINTALER SEE UND PRÜGELTORTE

Auch wenn es einige hartgesottene Schwimmer vormachen, die die Brandenburger Ache zum Baden nutzen oder sich auf Reifen hinuntertreiben lassen, gibt es für sommerliche Badefreuden eine hervorragende Alternative im Brandenberger Tal. Mit dem Reintalersee wartet am Fuße des Voldöppbergs einer der wärmsten Tiroler Badeseen. Eine andere Quelle für echten Genuss ist die Brandenberger Prügeltorte. Eine lokale Spezialität, um die sich einige Legenden ranken, über die es aber auch wahre Geschichten zu erzählen gibt. Im Kaiserhaus, am Beginn der Kaiserklamm, kann man dieses Gebäck kosten. Es wird traditionell an Festtagen über dem offenen Feuer gegart. Den Mix aus Eiern, Butter, Zucker und Mehl träufeln die Bäckerinnen und Konditoren dabei beständig Schicht für Schicht über eine rotierende Holzwalze. Kulinarisch gesehen ein echter Insidertipp.

WEITERE INFORMATIONEN

alpbachtal.at
brandenberg.at
kaiserhaus.eu

Nur 22 Kilometer lang, war die Brandenberger Ache ideal, um die Bäume bei der Holztrift in den Inn zu befördern.

54

MARIASTEIN – WALLFAHRT AUF DEM FELSEN

GELÄUTERTER ORT

Was ursprünglich als feindliches Bollwerk gedacht war, um die Landesgrenzen zu schützen, wandelte sich im Laufe der Jahrhunderte zu einem Ort des Gebets. Die Burg Stein wurde, ohne etwas von ihrer Wehrhaftigkeit einzubüßen, zu einer Wallfahrtsstätte des Glaubens. Ein stiller Platz mit einer ganz besonderen Aura.

Die Herren von Freundsberg waren in einer schwierigen Lage. Die Tiroler Herzogin Margarete Maultasch hatte 1341 ihren ersten Mann, den Luxemburger Johann Heinrich, aus dem Land gejagt, sie mochte ihn nicht. Ein Jahr später heiratete sie stattdessen Ludwig den Brandenburger. So viel mittelalterliche Frauenpower behagte einigen Fürsten nicht, sie glaubten ihr Recht in Tirol mit Gewalt einfordern zu können. Den Freundsbergern, die auf der Seite der emanzipierten Tirolerin standen, blieb nichts anders übrig, als an den Grenzen ihrer Ländereien Burgen zu errichten. Eine dieser Burgen wurde um 1350 auf einem großen Felsblock an der Handelsstraße gebaut, die von Innsbruck nach Kufstein führte: die Burg Stein bei Langkampfen. Noch zu Margaretes Lebzeiten, 16 Jahre später, fiel das Tiroler Unterland an die Wittelsbacher, und damit war die Burg wertlos. Weitere 100 Jahre danach galt sie als militärisches Bollwerk schon als veraltet und ihre Waffentechnik als überholt. Ein reger Besitzerwechsel setzte ein, die Burg wurde immer wieder verkauft.

Himmlische Hilfe

Etwa um das Jahr 1470 errichteten die Herren von Ebbs eine Schlosskapelle und stellten dort eine Marienfigur auf. Dieser sagte man rasch Wunder nach, und ihr Ruf verbreitete sich über das Land. Die Legende erzählt, dass die damaligen Besitzer im Jahr 1558 versucht hätten, die Figur nach Augsburg zu bringen. Aber zweimal sollen Engel die Statue zur Burg Stein zurückgebracht haben. Wann danach genau der Pilgerstrom begann, ist nicht überliefert. Sicher ist nur, dass im 17. Jahrhundert nicht weniger als sechs Priester nötig waren, um alle Wallfahrer zu betreuen. Und so wurde aus der Burg Stein die Wallfahrtskirche Maria Stein. Bis heute vergeht kein Tag, an dem nicht Pilger vor dem alten Gnadenbild beten.

Man betritt die Burg Mariastein durch ein schweres Tor und steht in einem ruhigen Innenhof. Mächtig ragt der hohe Bergfried auf, in dem sich die Wallfahrtskapellen verbergen. Über die wegen ihrer zahlreichen Engelsköpfe berühmt gewordene Wendeltreppe geht es in einen teilweise aus dem Felsen geschlagenen Kapellenraum, in dem Opferlichter brennen. In einem Zwischengeschoss steht ein Heiliges Grab mit beweglichen Figuren, dann folgt der alte Rittersaal mit vielen Votivtafeln. Ganz oben findet man die Wallfahrtskapelle. Neben dem gotischen Gnadenbild ist der wertvollste Schatz, bestehend aus dem Tiroler Erzherzogshut und dem zugehörigen Zepter, in einem Schrein ausgestellt.

INFO

MASSAGE STATT MALOCHE

Auf der anderen Seite des Inns liegt auf einem kleinen Hochplateau Bad Häring unter dem Großen Pölven. Einst wurde im Kurort Braunkohle, später Mergel und Kalkstein für die Zementproduktion abgebaut. 1951 fand man eine stark schwefelhaltige Quelle und legte damit den Grundstein für die Bäderkur. Sie hilft vor allem gegen rheumatische Gelenkbeschwerden. In Bad Häring gibt es aber auch einen herrlichen Wasserfall, den fast nur Einheimische kennen. Dorthin führt aus der Ortsmitte der Wasserfallweg. Kurz, mit wenig Steigung und abwechslungsreichen Stationen, wandert man entlang des Osterndorfer Bachs, der im oberen Lauf zum Wasserfall wird. Die Strecke lässt sich noch ins Kurviertel, zur einsam gelegenen Antoniuskapelle oder dem Haslacher Moor mit seiner seltenen Pflanzen- und Tierwelt verlängern.

WEITERE INFORMATIONEN

kufstein.com

Die Wallfahrtskirche hat normalerweise tagsüber geöffnet. Nur während der Gottesdienste ist die Besichtigung nicht möglich.

← Verwinkelt wirkt die einstige Burg – oben im Bergfried liegt die Wallfahrtskirche.
↑ Am Pölven über Bad Häring werden noch immer Mergel und Kalkstein abgebaut.

55

OBERNBERGER TAL – KLEIN, ABER FANTASTISCH

SO SEHEN BERGIDYLLE AUS

Das Wipptal zieht sich von Innsbruck hinauf zum Brenner und sogar ein Stückchen weiter. Gestraft mit unendlich viel Verkehr, wird ihm kaum Beachtung geschenkt. Interessant sind seine Seitentäler. Neben dem Stubaital sind es das Gschnitz-, Navis- und Schmirntal, das kleine Valsertal und das bezaubernde Obernberger Tal.

Das bekannte Stubaital ist sicherlich kein Geheimtipp. Aber das Gschnitztal und das Obernberger Tal, die ebenfalls nach Westen abführen, gelten als ziemlich unbekannt. Sie grenzen bereits an das Tribulaunmassiv und damit an das Südtiroler Pflerschtal an.

Die anderen drei Täler zweigen hingegen nach Osten ab und streifen damit die Zillertaler Alpen am Fuße des Tuxer Ferners mit dem 3476 Meter hohen Olperer. All diese kleinen Seitentäler könnten malerischer kaum sein. So stellt man sich Idylle in den Bergen vor! Einige Bauernhöfe liegen verstreut im Tal oder gruppieren sich um die Dorfkirchen. Ringsum blühen Almwiesen, Bäche plätschern, hinter kleinen Kapellen und Kirchen erheben sich am Horizont die bis in den Sommer hinein verschneiten Berggipfel. Allein das Mühlendorf am Ende des Gschnitztals beschwört nostalgische Erinnerungen an unbeschwerte Kindheitsurlaube herauf. Einmalig ist auch das Valsertal mit seinem Grauerlenwald am Talende, der schon viele Jahrzehnte unter Naturschutz steht.

Hart an der Grenze

Ganz besonders charmant ist jedoch das Obernberger Tal. Es zweigt kurz vor der Grenze nach Italien bei Gries am Brenner ab. Vorbei an der Gemeinde Vinaders ist man schnell im 1400 Meter hoch gelegenen Dorf Obernberg. Gerade einmal 422 Einwohner zählt die Gemeinde unterhalb der Rokokokirche St. Nikolaus von 1760. Davor rauscht der glasklare Seebach an ein paar Mühlen vorbei. Im 14. und 15. Jahrhundert sorgte der Bergbau für eine kurze Blütezeit in Obernberg. Heute gibt es neben einigen wenigen Pensionen, Gästehäusern und Bauernhöfen, die Zimmer vermieten, ein einziges Hotel. Das allein schon verspricht tiefe Ruhe am Berg und in der Natur.

Der größte Schatz offenbart sich am Talende: der Obernberger See, ein Bergsee mit smaragdgrünem Wasser, umrahmt von Lärchen- und Almwiesen, die im Hintergrund mit dem majestätischen Obernberger Tribulaun abschließen. Kaiser Maximilian I. soll die Fische aus dem See besonders geschätzt haben. Fast mittendrin liegt die Marienkapelle auf einer felsigen Halbinsel. Dabei weist der Obernberger See eine Besonderheit auf: Im Sommer und bei längerer Trockenheit kann der Wasserspiegel dramatisch absinken. Im Frühling, nach der Schneeschmelze, hingegen liegen sogar einige Wanderwege unter Wasser. Das gesamte Gebiet ist unter Naturschutz gestellt.

INFO

EINE SOMMERENTDECKUNG

Wer nicht gerade im Winter zum Skifahren hierherkommt, lässt das Stubaital meist unbeachtet. Dabei gibt es im 35 Kilometer langen Stubai, wie es landläufig genannt wird, einiges zu erkunden. Mehrere Gemeinden wie Mieders, Telfes, Fulpmes oder Neustift reihen sich entlang der Talstraße. Die Stubaier Alpen sind hier jedoch die eigentliche Attraktion. Vom Gletscher über Grate, von Felsen zu Weideflächen – die Berge sind so vielseitig, dass jeder ein ruhiges Plätzchen findet. Wobei diverse Alpenvereinshütten, Jausenstationen und Almen perfekt verstreut liegen, sodass man sich auf den Wanderungen auch kulinarisch verwöhnen lassen kann. Eine Traumtour führt zum Grawa-Wasserfall. Es gibt mehrere Themenwege wie den Franz-Senn-Weg (der Stubaier Pfarrer war ein Tourismus- und Bergsteigerpionier), den Besinnungsweg (von Neder auf einem Höhenweg ins Pinnistal) oder den Gletscherpfad auf 3000 Metern Höhe.

WEITERE INFORMATIONEN

wipptal.at
stubai.at

↖ Im Obernberger Tal am Tribulaunmassiv ist die Hektik rund um den Brenner weit entfernt.
↑ Der Obernberger See lässt sich nur zu Fuß oder mit dem Rad besuchen.

56

FELDKIRCH – MITTELALTERSTADT UND WELTLITERATUR

TIEF IM WESTEN

Hinter Feldkirch hört Österreich auf. Genau genommen bei Bangs, wo Vorarlberg in den Rhein plumpst und Liechtenstein und die Schweiz das »Ländle« begrenzen. Es ist das westliche Ende der Alpenrepublik, aber nicht das Ende der Welt. Denn vorher setzt es mit der alten Stadt Feldkirch am Fluss Ill noch einen Höhepunkt.

Feldkirch ist nach Bregenz die zweitgrößte Stadt in Vorarlberg. Damit steht sie immer ein bisschen im Schatten der großen Schwester. Noch dazu liegt Feldkirch ein gutes Stück abseits vom Bodenseeufer, dem Touristen-Hotspot am See. Aber Feldkirch braucht sich nicht zu verstecken, denn es besitzt einen der schönsten mittelalterlichen Stadtkerne Österreichs. Auf der Südseite der Feldkircher Altstadt fließt die Ill, ein Fluss, der seinen Namen aus dem keltischen *Ilara* für »eilig« erhalten hat. Angesichts der beachtlichen Hochwassermauer kann man sich gut vorstellen, dass es die Ill ab und an wirklich sehr eilig hat. Umso beschaulicher geht es in den Gassen der Feldkirchner Altstadt zu. Der langgezogene Marktplatz mit seinem Kopfsteinpflaster und den hübschen Bürgerhäusern ist die gute Stube der Stadt mit all den Cafés und Straßenrestaurants. Über dem Treiben wacht die Schattenburg, die Hugo I. Montfort erbauen ließ. Er verlegte sein Herrschaftszentrum um 1200 von Bregenz in die von ihm gegründete Stadt Feldkirch, um seinen Einfluss nach Süden zu stärken.

Der doppelte James

Feldkirch war durch seine Nähe zur Grenze eine Stadt der Durchreise. Vor allem während der Weltkriege versuchten viele Flüchtlinge, über den Feldkirchner Bahnhof in die sichere Schweiz zu gelangen. Darunter waren auch Dichter, Schriftsteller und Künstler. So hat unter anderem James Joyce 1915 in Feldkirch Halt gemacht und dort einen Grundstein für seinen berühmten Ulysses gelegt. Wobei man den irischen Schriftsteller für einen Spion hielt und er Glück hatte, einer Verhaftung zu entgehen. Aber das hielt ihn nicht davon ab, im Sommer 1932 für einen längeren Aufenthalt zurückzukehren. Andere Schriftsteller, wie Stefan Zweig oder Carl Zuckmayer, passierten auf ihrer Flucht vor den Nazis die Stadt.

Viel jünger ist die Geschichte um den zweiten berühmten James, denn nur eingefleischte Bond-Fans wissen, dass Feldkirch schon zweimal in den Filmen von Ian Fleming eine Rolle spielte. 1969 nutzt George Lazenby im »Geheimdienst Ihrer Majestät« laut Drehbuch eine Feldkircher Telefonzelle, aber die stand in Wirklichkeit in Lauterbrunnen. Daniel Craig verfolgte dann in »Ein Quantum Trost« den Bösewicht durch das echte Feldkirch, wobei im Film behauptete wurde, das wäre Bregenz. Für einen *Secret Place* ideal, denn während sich die halbe Welt anbiedert, um als Drehplatz für einen Bond-Film in Frage zu kommen, schaffte es Feldkirch ganz ohne Rummel.

← In den Gassen der Feldkirchner Altstadt ist das Lebensgefühl südländisch.
↓ Heimische Arten tummeln sich im ganzjährig frei zugänglichen Wildpark.

INFO

MONTFORTHAUS UND WILDPARK

Rund um Feldkirch gibt es einige markante Aussichtspunkte, die einen schönen Blick über die Stadt und einen Teil des Rheintals erlauben. So erhebt sich nördlich der Stadt der Ardetzenberg, ein gut 600 Meter hoher Hügel, auf dem es einen ganzjährig geöffneten und kostenfreien Wildpark gibt. Nicht versäumen sollte man auch einen Besuch im modernen Montforthaus am Leonhardsplatz. In dem architektonisch auffälligen Haus mit der geschwungenen Fassade aus Jura-Marmor und viel Glas gibt es Konzerte und Kulturveranstaltungen. Im 2015 eröffneten Gebäude kann man sich ohne Weiteres verlaufen – es hat insgesamt über 37 000 Quadratmeter Fläche, ein Drittel davon ist für die Öffentlichkeit zugänglich. Beim Besuch des Dachrestaurants E3 kommt die Aussicht nicht zu kurz.

MEHR INFORMATIONEN

bodensee-vorarlberg.com
schattenburg.at
montforthausfeldkirch.com
wildpark-feldkirch.at
e3-restaurant.com

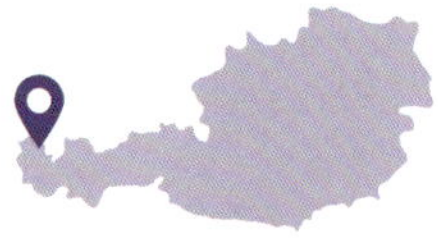

57

HITTISAU – EIN FRAUENMUSEUM IM »LÄNDLE«

HAUPTSACHE FRAUENSACHE

Unten Feuerwehr, oben Kultur: Das auffallende Bauwerk am südöstlichen Ortsrand von Hittisau ist nicht nur architektonisch interessant gestaltet, sondern auch seiner Bestimmung nach. Es beherbergt außer der Freiwilligen Feuerwehr das erste und einzige Frauenmuseum Österreichs. Und das im ländlichen Raum.

Aber hallo! Da steht ein großer, schlichter Holzwürfel mit breiter Glasfront mitten im Hügelland auf der grünen Wiese! Verwunderlich? Nein, nicht hier, in Vorarlberg, schließlich ist spannende moderne Architektur im »Ländle« gang und gäbe. Wirklich erstaunlich ist allerdings der Inhalt dieses Hauses: Es ist ein Frauenmuseum. Errichtet wurde das am südöstlichen Ortsrand von Hittisau an einem Hang zur Subersach gelegene Bauwerk von der Gemeinde Hittisau nach den Plänen der Architekten Andreas Cukrowicz und Anton Nachbaur-Sturm in den Jahren 1998 bis 2000. Ein Feuerwehrhaus und Kulturhaus sollte es werden, so die ursprüngliche Bestimmung. Tatsächlich beherbergt es in dem massiv gebauten Untergeschoss die Freiwillige Feuerwehr. Im Erdgeschoss des Holzbaus mit zum Ortszentrum hin voll verglaster Fassade befinden sich das Foyer, ein Seminarraum und ein Musikproberaum, in der ersten Etage aber wird es erst richtig interessant. Dort liegt das Frauenmuseum.

Dieses außergewöhnliche Museum möchte das materielle wie das immaterielle Schaffen von Frauen und die Frauengeschichte sichtbar machen. Entstanden im Jahr 2000 auf Initiative engagierter Einheimischer, geht es hier darum, die Weltsicht um die Frauenperspektive zu erweitern und frauenspezifische Themen aus der Kunst-, Sozial-, Kultur- und Architekturgeschichte zu beleuchten. Dabei steht längst nicht nur Vergangenes im Fokus: Das Frauenmuseum bezieht auch Position zur Gegenwart.

Was Frauen angeht

Das Programm des Frauenmuseums umfasst jeweils zwei bis drei Ausstellungen. Dabei wird vonseiten der Museumsleiterinnen betont, dass auf einen Wechsel oder eine Kombination von einem regionalen und internationalen Blickwinkel geachtet wird. Die Verwaltung des Hauses liegt ausschließlich in der Hand von Frauen. Eine Besonderheit, auf die speziell Wert gelegt wird, ist auch die persönliche Vermittlung der erarbeiteten Themen. Rund 20 Frauen aus dem Ort, alle mit unterschiedlichem sozialen Hintergrund und alle unterschiedlich alt – der Bogen spannt sich von 18 bis 88 Jahren –, setzen sich mit den Ausstellungsthemen auseinander, erarbeiten ihren persönlichen Bezug und kommunizieren dann mit den Besuchern. Das macht den Aufenthalt im Museum zu einer interessanten Begegnung. Ein Konzept übrigens, das auch schon internationale Gäste angezogen hat. So ganz nebenbei: Alice Schwarzer war mehrfach hier und hat unter anderem eine Lesung abgehalten.

INFO

DAS QUELLTUFFGEBIET LINGENAU

Wer schon immer mal zusehen wollte, wie Steine entstehen, kann dies in Lingenau tun, denn dort entsteht Quelltuffgestein. Damit sich dieses beeindruckende Naturphänomen entwickeln kann, sind genau die Zutaten nötig, die in diesem Gebiet vorhanden sind. Der Großteil der Gemeindefläche von Lingenau liegt auf einer Gletschermoräne oder nacheiszeitlich gebildeten Schotterflächen. Diese Flächen sind sehr wasserdurchlässig, das Gestein ist stark kalkhaltig. Wenn das kalkhaltige Wasser an die Oberfläche tritt und über Moos- und Algenteppiche oder Kolonien von Cyanobakterien fließt, wird Kalk in großen Mengen abgelagert, er legt sich um Äste, Steine oder kleine Bäume. Dabei entstehen nach oben wachsende Gebilde. Bei guten Bedingungen wachsen Kalksedimente bis zu 20 Millimeter pro Jahr – so entstehen in wenigen Jahrhunderten meterhohe Strukturen.

WEITERE INFORMATIONEN

frauenmuseum.at
www.hittisau.at
bregenzerwald.at

← In jeder Hinsicht durchlässig präsentiert sich die Architektur des Frauenmuseums.
↑ Wasser, Bakterien und Kalk bilden die besondere Landschaft Lingenaus.

58

KLEINWALSERTAL – ÖSTERREICHISCHE ENKLAVE

EIN ECHTES NATURPARADIES

Das Kleinwalsertal bietet eine große Bandbreite an touristischen Attraktionen. Vom Spielcasino zu den Bergbahnen und vom Privatzimmer bis zu internationalen Hotels bleibt kaum ein Wunsch offen. Dass bei all dem Trubel noch unberührte Landschaft zu finden ist, grenzt da fast an ein Wunder. Besonders die Seitentäler sind kleine Paradiese.

Namensgeber für das Kleinwalsertal sind die Walser, eine Bevölkerungsgruppe, die im 14. Jahrhundert aus dem Schweizer Rhonetal hierher auswanderte. Im Mittelalter war das Klima in Europa relativ mild. Die Besiedlung in den Alpen war weit fortgeschritten, und die sommerlichen Weideflächen dehnten sich bis unmittelbar an die Felsregion aus. Ende des 13. Jahrhunderts setzte plötzlich eine Klimaverschlechterung ein, die viele Bergbauern in große Not stürzte. Die Schneegrenze sank, die Winter wurden länger, und in den kurzen Sommern reiften die Feldfrüchte nicht mehr aus.

Dieser Umstand und die Überbevölkerung zwangen einen Teil der Walliser Bauern zur Auswanderung, denn in ihrer Heimat wären sie wohl verhungert. So zogen diese Klimaflüchtlinge fort, um sich in den damals noch unerschlossenen Gebieten der Alpen ein neues Zuhause aufzubauen. Spuren ihrer Wanderung haben sie im Tessin, in Norditalien, in Graubünden und im Großen Walsertal wie im Kleinwalsertal hinterlassen. Dabei brachten die Migranten ihre Kultur, ihr Wissen und ihre Handwerkskunst mit, und so finden sich bis heute zahlreiche wunderschöne Bauernhäuser, die vollständig aus Holz errichtet wurden. Es ist der gleiche Baustil, den man in den alten Dörfern im Wallis antrifft.

Tal mit Sonderstellung

Das Kleinwalsertal ist eine österreichische Enklave, die man nur von Deutschland aus, genauer aus dem Allgäu, erreichen kann. Nach Süden führen lediglich beschwerliche Wege über hohe Bergpässe in die anderen Vorarlberger Täler. Wirtschaftlich gesehen war das früher ein Fiasko. Aber bereits seit 1891 gibt es einen Ländervertrag, der das Kleinwalsertal zu einem Vorreiter in Europa machte. Es herrscht zwar österreichisches Recht, doch die Grenze nach Norden ist immer offen.

Vier Dörfer prägen das Tal: Riezlern, Hirschegg, Mittelberg und Baad. Alles hervorragende Ausgangspunkte zu wunderschönen Wanderungen, wobei einige Aufstiegshilfen die Eroberung der hohen Berge erleichtern. Trotz der guten Infrastruktur entdeckt bezaubernde und vor allem einsame Naturschönheit, wer sich abseits des touristischen Trubels auf die Suche macht. Die Erkundung der kleinen Seitentäler, wie das Gemsteltal mit seinem Walserweg, das Wildental unter den Schafalpenköpfen oder das Bärgunttal mit seinen zauberhaften Alpen, der Bärgunthütte und der Alpe Widderstein, sind bestens für eine Auszeit geeignet.

← Hinter Hirschegg ragen Elfer- und Zwölferkofel in den Kleinwalsertaler Himmel.
↓ Die Tour über das Gottesackerplateau ist nur für geübte Bergsteiger geeignet.

INFO

GESAMMELTE ATTRAKTIONEN

Unweit von Hirschegg locken einige schöne Naturplätze. So führt über den Schwarzwasserbach eine Naturbrücke, unter ihren Felsen sucht sich das grüne Bergwasser selbst seinen Weg. Entlang der Breitach kann man zu einer Schwefelquelle wandern oder die dunkle Breitachklamm besuchen, in der das Wasser nur so braust und tobt. Sensationell ist auch das Walmendinger Horn mit seinem bunten Alpenblumengarten auf knapp 2000 Metern über dem Meer. Das Gegenteil von Grün findet man am Hohen Ifen. Dort liegt das karge Gottesackerplateau, ein fremdartiges wildes und steinernes Karstmeer, das einem öden Planeten gleicht. Das ruppige Labyrinth ist voll mit scharfen Kanten, Stufen und Spalten aus reinem Kalkgestein. Eine steinerne und doch schöne Welt, zu der sich gigantische Aussichten und ein steinzeitliches Jägerlager bei der Schneiderkürenalpe gesellen.

WEITERE INFORMATIONEN

kleinwalsertal.com
Gottesackerplateau, Walmendinger Horn:
ok-bergbahnen.com

REGISTER

BILDNACHWEIS

Bahnmüller, Lisa: S. 2/3, 5r., 7 l., 11 (2x), 40, 58/59, 61, 64, 67 u., 70, 76, 77, 78/79, 80, 82 u., 83 (2x), 85, 86, 92, 94, 134, 135, 140, 141, 143, 144, 145, 147, 150, 151, 152/153, 154, 155, 156, 157, 159, 164/165

Bahnmüller, Wilfried: 41 u., 89, 146, 163

Bolch, Oliver: S. 4 (3x), 12/13, 14, 15, 16, 17, 18, 19, 20, 22 (2x), 23 (2x), 25, 26 (2x), 27 u., 28, 29, 30/31, 32, 33, 35, 36, 37, 42, 43, 44, 45, 46, 47, 48, 49, 50, 51, 52, 54, 55 (2x), 56, 57, 96/97, 98, 100, 101 (2x), 114, 115,

Gerdl, Franz: 119, 120 (2x), 121 (2x), 122, 124 (2x), 125 (2x), 126, 127, 128, 129, 130, 131, 132, 133

Mandl, Reinhard: 60, 63, 66 (2x), 67 o., 88, 102, 103, 106, 107,

Siepmann, Martin: S. 5 l., 7 r.u., 10, 38, 41 o., 62, 71, 73, 74, 75 o., 82 o., 84, 87, 90, 91, 93, 95, 116, 138/139, 148, 149, 158, 161, 162

Look photos: 68 (Rainer Mirau), 108 (Stankiewicz, Thomas)

Shutterstock: 6 l. (Ekaterina Mikheeva), 6 r. (Africa Studio), 69 (Simlinger), 75 u. (Landscape Nature Photo), 104 (Przemek Iciak), 105 (Alexander Jung),

Weitere: 7 o.r. (Tanja Clauss), 34 (K & K Bergbau GmbH), 109 (Stefanie Leitner), 110, 111, 112/113 (Zöbl), 117 (Tom Lamm), 142 (Lucas Petermeier), 160 (Ines Agostinelli / Frauenmuseum Hittisau)

DIE AUTORINNEN, FOTOGRAFINNEN UND FOTOGRAFEN

Lisa Bahnmüller fotografiert und schreibt mit ihrem Vater Wilfried Bildbände und Reiseführer. Für die Recherchen sind sie ständig unterwegs, oft auch in Österreich, von dem sie nur einen Katzensprung entfernt leben, foto-bahnmueller.com

Oliver Bolch absolvierte die Meisterklasse für Fotografie in Wien und ist seit 1993 als freier Reisefotograf tätig. Er präsentiert Live-Vorträge im deutschsprachigen Raum und veröffentlicht in Buch- und Zeitschriftenverlagen. Oliver Bolch ist Initiator und Veranstalter der Photo+Adventure in Wien, oliver-bolch.at

Hanne Egghardt war als Türkisch-Dolmetscherin und Journalistin für zahlreiche österreichische Medien tätig, u. a. als Chefredakteurin der »Wienerin« und »Skylines«. Sie arbeitet als Buchautorin mit Schwerpunkt auf historischen Themen und Österreich.

Geboren in Friesach, aufgewachsen in Glödnitz, ist **Sabine Ertl** am Fuße der Burg Hochosterwitz sesshaft geworden. Nach einem Studium der Medien- und Kommunikationswissenschaften in Klagenfurt arbeitet sie als freie Texterin, gedankenschmiede.at

Franz Gerdl ist ausgebildeter Fotograf und arbeitet seit vielen Jahren in den Bereichen der Tourismus- und Werbefotografie. Seine Leidenschaft gilt der Dokumentation von Menschen und Kulturen, franzgerdl.com

IMPRESSUM

Verantwortlich: Carola Holzer
Lektorat: Britta Mentzel
Layout: Tanja Clauss, Octaviz Studios
Korrektorat: Christine Miller
Repro: LUDWIG:media
Herstellung: Alexander Knoll
Printed in Slovakia by Neografia

★★★★★

Sind Sie mit diesem Titel zufrieden? Dann würden wir uns über Ihre Weiterempfehlung freuen.
Erzählen Sie es im Freundeskreis, berichten Sie Ihrem Buchhändler, oder bewerten Sie bei Onlinekauf. Und wenn Sie Kritik, Korrekturen, Aktualisierungen haben, freuen wir uns über Ihre Nachricht an Bruckmann Verlag, Postfach 40 02 09, D-80702 München oder per E-Mail an lektorat@verlagshaus.de.

Unser komplettes Programm finden Sie unter

www.bruckmann.de

Textnachweis:
Lisa und Wilfried Bahnmüller: »Willkommen in Österreich« (S. 6–7), Kap. 18–31, 39, 46, 48–56, 58
Hanne Egghardt: Vorwort (S. 10–11), Kap. 1–17, 32–38, 57
Sabine Ertl: Kap. 40–45, 47
Umschlag: Vorderseite: Die Taugl mit ihren Schluchten und Kiesbänken ist einer der wenigen völlig unverbauten Wildflüsse des Salzburger Landes. (mauritius_images);
Rückseite: (v.l.n.r.): Stift Stams: Den frühbarocken Hochaltar schuf der Weilheimer Bartholomäus Steinle; Selbst im Sommer schmilzt das Gletschereis im Dachsteiner Eispalast nicht; Bei Führungen in blühenden Wiesen kann man sein Kräuterwissen vertiefen; Der Schiederweiher: laut Ranking einer der schönsten Plätze Österreichs.

Die Deutsche Nationalbibliothek verzeichnet diese Publikation in der Deutschen Nationalbibliografie; detaillierte bibliografische Daten sind im Internet über http://dnb.d-nb.de abrufbar.
1. Auflage 2022

Infanteriestraße 11 a,
D-80797 München
ISBN: 978-3-7343-2640-0